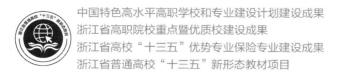

中国特色高水平高职学校和专业建设计划建设成果
浙江省高职院校重点暨优质校建设成果
浙江省高校"十三五"优势专业保险专业建设成果
浙江省普通高校"十三五"新形态教材项目

消费心理学

CONSUMER PSYCHOLOGY

主 编 孔静霞

ZHEJIANG UNIVERSITY PRESS
浙江大学出版社

图书在版编目（ＣＩＰ）数据

消费心理学 / 孔静霞主编. -- 杭州：浙江大学出版社，
2021.3（2025.1重印）
ISBN 978-7-308-20681-5

Ⅰ．①消… Ⅱ．①孔… Ⅲ．①消费心理学 Ⅳ．①F713.55

中国版本图书馆CIP数据核字(2020)第204481号

消费心理学

孔静霞　主编

责任编辑	赵　静	
责任校对	董雯兰	
封面设计	林智广告	
出版发行	浙江大学出版社	
	（杭州市天目山路148号　　邮政编码　310007）	
	（网址：http://www.zjupress.com）	
排　　版	杭州林智广告有限公司	
印　　刷	杭州高腾印务有限公司	
开　　本	787mm×1092mm　1/16	
印　　张	11	
字　　数	275千	
版 印 次	2021年3月第1版　2025年1月第3次印刷	
书　　号	ISBN 978-7-308-20681-5	
定　　价	38.00元	

前　言

习近平总书记在党的二十大报告中强调，需着力扩大内需，增强消费对经济发展的基础性作用和投资对优化供给结构的关键作用。[①] 作为拉动经济增长的三驾马车之一，消费一头连着宏观经济大盘，一头连着千家万户的幸福生活。而在经历了量的消费时代和质的消费时代后，人们的消费心理和消费行为发生了很大的变化。消费心理学是一门以消费者心理为中心，研究现代企业市场营销活动中消费者心理活动过程的学科，是营销相关行业的基本素养。

为适应高职院校学生的特点及职业取向，本教材从教育部关于高职高专的定位及人才培养方案要求出发，以培养学生综合素质为主线，以强化理论学习与实际应用相结合为宗旨，结合高职高专学生职业能力特征，尝试在基本理论逻辑框架下，吸纳消费心理学研究领域的最新成果，力求打破单一叙述型的教材模式，尝试建立包括学习目标、各章小结、自测题、案例分析和阅读资料为内容的复合型教材模式，以适应学生高参与、师生多互动的新型教学理念和教学方法。在内容选择上，本教材大量引入近5年国内外典型实战案例，培养学生分析和解决实际问题的能力，并结合我国经济发展特征以及党的二十大报告提出的"倡导绿色消费"观念，增加了互联网消费心理和绿色消费心理部分；同时，利用互联网＋技术，融入重要任务点的微课视频、重要案例的视频、音频资料，习题、案例的二维码即时导入，知识点的多元化随机检测，实现课堂教学向"学生为主、教师为辅"的现代授课模式转变。

本书在编写过程中得到了浙江金融职业学院和浙江大学出版社的大力支持，在此一并表示感谢。

由于编写时间仓促，编者水平有限，书中难免出现疏漏和不妥之处，敬请读者和专家提出宝贵意见，以便进一步修订完善。

编者

---

① 习近平：《高举中国特色社会主义伟大旗帜　为全面建设社会主义现代化国家而团结奋斗——在中国共产党第二十次全国代表大会上的报告》，《人民日报》2022年10月26日第1版。

Contents 目 录

第一章 绪 论 / 1

第一节 消费心理学概述 / 2

一、消费与消费者 / 2

二、消费心理和消费心理学 / 3

第二节 消费心理学的研究对象与内容 / 4

一、消费心理学的研究对象 / 4

二、消费心理学的研究内容 / 5

第三节 消费心理学的形成与发展 / 7

第四节 消费心理学的研究方法与意义 / 10

一、消费心理学的研究原则 / 10

二、消费心理学的研究方法 / 11

三、消费心理学的研究意义 / 13

第二章　消费者的心理活动过程　/ 17

第一节　消费者的认识过程　/ 18

一、消费者的感觉与消费心理活动过程　/ 18

二、消费者的知觉与消费心理活动过程　/ 21

三、消费者的注意与消费心理活动过程　/ 25

四、消费者的记忆与消费心理活动过程　/ 28

五、消费者的思维与消费心理活动过程　/ 31

六、消费者的想象与消费心理活动过程　/ 33

第二节　消费者的情感过程　/ 34

一、消费者情感过程的含义　/ 34

二、情绪、情感的类型　/ 35

三、情绪、情感在营销活动中的作用　/ 37

第三节　消费者的意志过程　/ 39

一、消费者意志过程的含义　/ 39

二、消费者意志过程的基本特征　/ 39

三、消费者的意志过程阶段　/ 40

四、意志在营销活动中的作用　/ 40

第三章　消费者的个性心理特征和个性倾向　/ 43

第一节　消费者的气质　/ 44

一、气质的含义　/ 44

二、气质类型及特点　/ 45

三、消费者购买行为中的气质表现　/ 46

四、对不同气质消费者的销售策略　/ 47

第二节　消费者的性格　/ 48

一、性格的含义　/ 48

二、消费者性格的主要类型及购买行为表现　/ 49

三、对不同性格表现消费者的销售策略　/ 50

第三节　消费者的能力　/ 51

一、能力的含义　/ 51

二、能力的分类　/ 52

三、消费者的主要能力　/ 53

四、能力与购买行为类型　/ 54

第四节　消费者的动机和行为　/ 55

一、消费者需要的概念和需要的层次　/ 55

二、消费者需要的基本特征　/ 57

三、消费者的购买动机　/ 59

四、消费者的购买行为　/ 62

第四章　消费者群体与消费心理　/ 68

第一节　消费者群体概述　/ 70

一、消费者群体的含义与分类　/ 70

二、消费者群体对消费心理的影响　/ 71

三、文化因素对消费群体的影响　/ 74

四、经济因素对消费群体的影响　/ 78

第二节　不同消费者群体的消费心理　/ 78

一、家庭消费的消费心理　/ 79

二、不同年龄阶段的消费者群体的消费心理　/ 82

三、不同性别的消费者群体的消费心理　/ 92

四、网络消费者群体的消费心理　/ 94

第五章　商品因素与消费心理　/ 101

第一节　商品名称、商标与消费心理　/ 102

一、商品名称及其心理功能　/ 102

二、商品命名的心理策略　/ 103

三、商标与消费心理　/ 105

第二节　商品包装与消费心理 / 108

一、商品包装及其作用 / 108

二、商品包装设计的消费心理需求 / 109

三、商品包装设计心理策略 / 111

第三节　新产品开发与消费心理 / 113

一、新产品含义 / 113

二、新产品购买者的类型及购买行为的影响因素 / 114

三、新产品设计的心理需求 / 117

第六章　商品价格与消费心理 / 121

第一节　商品价格的心理功能 / 122

一、衡量商品价值和品质的功能 / 122

二、自我意识比拟功能 / 122

三、决定消费需求量增减的功能 / 122

第二节　消费者的价格心理 / 123

一、消费者的价格心理特征 / 123

二、价格变动对消费者心理和行为的影响 / 126

三、价格阈限 / 127

第三节　商品定价的心理策略 / 128

一、撇脂定价策略 / 129

二、渗透定价策略 / 130

三、非整数定价策略 / 130

四、整数定价策略 / 131

五、声望价格策略 / 131

六、习惯价格策略 / 131

七、招徕定价策略 / 132

八、折让定价策略 / 133

九、最小单位定价策略 / 133

十、折扣定价策略 / 133

十一、分级定价策略 / 134

十二、组合定价策略 / 134

第四节 商品调价的心理策略 / 135

一、商品降价的心理策略 / 135

二、商品提价的心理策略 / 138

第七章 当代社会消费者心理学的发展 / 144

第一节 我国居民消费心理和行为的变化趋势 / 145

一、消费层次上升，消费领域扩大 / 145

二、个性追求，情感消费 / 146

三、消费观念，趋于多元 / 147

第二节 网络发展与消费心理 / 149

一、当代网络消费心理 / 149

二、影响网络消费心理的主要因素 / 151

三、基于网络消费心理的营销策略 / 153

四、移动网络消费心理分析与营销策略 / 154

第三节 绿色消费与消费者心理 / 156

一、绿色消费中消费心理的变化趋势和特征 / 156

二、绿色消费行为的影响因素 / 160

三、绿色消费的心理策略 / 163

第一章

绪　论

➤ **导入案例**

服装——个性主张与群体消费

曾经在商场目睹了这样一个场面：一对时尚的母女相伴购物，母亲说："不要老买休闲装，这么大了，最好穿一些正装，毕竟是毕业后有工作的人了。"女儿不以为然地答："你看休闲装既活泼又好看，职业装太正经了。"的确，在商场里逛了一个下午，感觉店内的服装商品印证了母女俩的对话。

商场给人一个突出的印象便是：各大商场整齐划一的货架，无论是职业装还是大衣类，均以数量多而款式设计单一示人，即使偶尔有部分个性化设计，也难以满足张扬个性的年轻一代，乃至时尚一族的需求。

相信大家都一样，吃东西最爱品味道，尤其不喜欢量大而味寡的食物，因为我们已远离了那个吃不饱的年代，服饰又何尝不是如此呢！

无论在怎样的环境下生存，每个人的心中都相信自己是独一无二的。即使中国的文化传统并不像西方那样彰显个性，但随着中西方文化的交流，如今的一代确实更加注重个性化发展。

从凸显个性的要求出发，按理说"量身定做"应该是时下最受欢迎的添衣方式了，但遍布小巷的个体裁缝店又多缺乏质量和设计的保证，把一些流行元素搞得似是而非，使得大多数裁缝店成了缝补店。而大的服饰公司又不屑于进行个性化服饰定制。结果就是，个性主张淹没在群体消费中。而这种需求却在绝不雷同的街景中被远远地呼唤和印证。

有句话说得好："有需求就有市场。"个性化服饰消费不仅给商场提出了更加准确定位的新课题，也给千篇一律的服饰生产提出了设计要求，更为中国服装设计师从T台走向大众提供了新选题和新内容。在我国目前没有成为服装强国的众多论证中，不注重个性化消费也许是一道至关重要的坎。

【思考】

结合你身边的事例，谈谈你对服装消费心理的认知。

第一节　消费心理学概述

一、消费与消费者

（一）消费

消费是指人们为了满足生产或生活需要而消耗物质资料和非物质资料的经济行为。

消费可以从广义和狭义两个角度来理解。广义的消费包括生产消费和生活消费两类。生产消费是指生产过程中的消费，即劳动力和生产资料在生产过程中的使用与消耗，如工具、原材料、燃料、人力等。它是在生产领域中实现的，是创造劳动成果的基础。生活消费是指人类对各种生活资料、劳务和精神产品的消耗，是用以满足人们物质和文化生活需要的过程。狭义的消费指的是生活消费，包括与物质生产过程无关的一切消费活动，它是人类社会最大量、最普遍的经济现象和行为活动。狭义的消费既是人们生存的基础，也是社会再生产过程的一个环节，是社会再生产过程得以继续进行的基本保障因素之一。消费心理学所研究的主要是狭义的消费，即生活消费。

> **【小资料】**
>
> 从社会生产过程来看，消费是社会再生产过程中"生产、分配、交换、消费"四个环节中的一个环节。生产消费和生活消费处于完全不同的地位。如果将前者作为这一过程的起点，后者则构成这一过程的终点，即生活消费是一种最终的消费，马克思称之为原来意义上的消费。通常情况下，"消费"一词专指生活消费。

（二）消费者

消费者是指在不同时间和空间范围内参与消费活动的个人或团体，泛指现实社会中购买和使用物质产品、文化产品或劳务等各种商品的人。

消费者的消费行为包括购买和使用商品的活动，也包括对商品需求的表现活动。在同一时空范围内，根据消费者对某一商品做出的不同反应，可以把消费者分为以下三种。

现实消费者：通过现实的市场交换行为，获得某种消费品以满足需要的人。

潜在消费者：在目前对某种消费品尚无需要或购买动机，但在将来有可能转变为现实消费者的人。

永不消费者：现在或将来都不会对某种消费品产生消费需要和购买愿望的人。

作为某一消费者，在同一时间节点上，面对不同的消费品，可以同时以不同的身份类型出现，如某消费者面对 A 商品是现实消费者，面对 B 商品是潜在消费者，面对 C 商品是永不消费者。因此，从消费品的角度来看，可以说消费者是一个动态行为的执行者。

二、消费心理和消费心理学

消费心理是指消费者进行消费活动时所表现出的心理特征与心理活动的过程。消费者的心理特征包括消费者兴趣、消费习惯、价值观、性格、气质等方面的特征。这种心理活动和心理特征受消费环境、消费引导、消费购物场所等多方面因素的影响。人类的一切正常行为都是由心理活动支配的，消费者在消费活动中的各种行为也无一不受到心理活动的支配。因此，消费心理是消费行为的基础。

消费心理学是研究消费过程中消费者心理活动产生、发展变化规律的一门学科。消费心理学是一门新兴的学科，它是心理学的一个重要分支，是心理学在市场营销领域的具体运用。加强消费心理的研究，无论是对提高消费者素质，提升消费效益，还是对提升企业市场营销水平，促进社会经济发展，都有十分重要的意义。

【小资料】

中国消费者消费心理的变化

1988—1990 年，中国一些消费者家庭消费支出打破了计划性，不是量入为出，而是有钱就花，为了追赶消费潮流盲目地把货币变成商品，一些家庭没有摆好即期消费和中远期消费的关系，在市场上超常购物，有的消费者无消费目的地多买多存，影响了中远期消费；一些消费者的购物心理在短时期内出现逆向转移，购买心理动机由求稳、求全、求廉、求实，发展为随多、喜新、争胜、保值，又发展为求稳、求全、选择、求廉。这个非正常的购物圈，不仅圈住了消费者正常消费的手脚，也制约了我国消费品生产、流通、消费的正常运行，许多生产企业因此陷入困境，企业销售人员竭尽全力进行推销，仍没有减轻企业所产成品货满为患、资金占压过多的压力。

1990年以后，中国消费者的消费心理出现了变化，人们在购买行为上出现了"十买十不买"。其中，"十买"包括：①名牌、质高、价格适中的商品买；②新潮、时代感强的商品买；③新颖别致、有特色的商品买；④迎合消费者喜庆、吉祥心理的商品买；⑤优土特商品买；⑥拾遗补阙商品买；⑦卫生、方便、节省时间的商品买；⑧落实保修的商品买；⑨价廉物美的商品买；⑩日用小商品买。"十不买"包括：①削价拍卖商品不买；②宣传介绍摆"噱头"的商品不买；③无配套服务的商品不买；④无特色的商品不买；⑤缺乏安全感的商品不买；⑥一次性消费的商品不买；⑦无厂家、无产地、无保质期的"三无"商品不买；⑧监制联营商品不买；⑨粗制滥造商品不买；⑩不符合卫生要求的商品不买。由此可见，人们的消费心理和行为相比之前明显地更加理性化。

【思考】

1. 上述事例能否说明消费者的消费心理会对市场波动产生重要影响？为什么？

2. 20世纪90年代以来，消费者在购买行为中出现"十买十不买"的原因何在？运用自我观察法剖析个人消费心理的特点。

第二节　消费心理学的研究对象与内容

消费心理学是一门研究消费者在消费活动中心理现象和行为规律的科学，具有很强的实践性，有其独特的研究对象和研究内容。

一、消费心理学的研究对象

消费心理学以市场活动中消费者心理现象的产生、发展及其规律作为学科的研究对象，并探讨在市场营销活动中各种心理现象之间的相互关系。具体而言，其侧重点在以下几个方面。

（一）市场营销活动中的消费心理现象

在市场营销活动中，经营者总是力图通过各种措施促使消费者产生购买的欲望，并且使购买行为向着有利于扩大销售的方向转化，而作为消费心理表象的消费行为却并不一定与经营者的意愿相符。例如，经营者降低商品价格本意是刺激消费者增加购买欲望，但是有些消费者却把降价看成是商品不再流行或不再适用的标志。因此，要想提高营销效果，

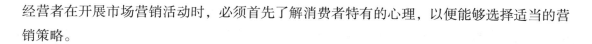

经营者在开展市场营销活动时，必须首先了解消费者特有的心理，以便能够选择适当的营销策略。

（二）消费者消费行为中的心理现象

在买卖过程中，由于买卖双方利益不同，在交易形式、交易条件、交易内容上容易出现差异，从而导致心理冲突。心理冲突处理不当，就有可能引起行为冲突，结果既不利于满足消费者需求，也不利于实现经营者预期目标。因此消费心理学把消费者购买行为中的心理现象作为研究的侧重点之一，以便更清楚地了解消费者购买阶段的心理活动特征，为经营者采取措施化解心理冲突提供理论依据。

（三）消费者心理活动的一般规律

在市场上通过消费者的市场行为表现出来的消费心理现象，往往带有消费者的个性心理特征。然而，大多数经营者不可能在所有的营销环节针对所有的消费者的个性心理一一采取对策，经营者需要把握的是一定消费者群体在一定环境和条件下的一般心理规律。因此，消费心理学就是要通过分析伴随消费行为产生的感觉、知觉、记忆、思维、想象、情感、意志等心理活动过程，进一步探索消费心理活动的一般规律。

二、消费心理学的研究内容

消费心理学以市场活动中消费者心理现象的产生、发展及其规律作为学科的研究对象。作为一门应用学科，最终的目的是探寻消费者的购买行为规律，为市场决策提供理论根据。因此，研究消费者的心理影响因素是消费心理学的重要内容之一。

消费心理学的研究内容

（一）影响消费者购买行为的内在条件

影响消费者购买行为的内在条件包括：消费者的心理活动过程、消费者的个性心理特征、消费者购买过程中的心理活动。

1. 消费者的心理活动过程

如前所述，心理活动过程包括人的认识过程、情感过程和意志过程，消费者的消费心理活动也有其产生、发展和实现的过程。消费心理学通过研究消费者对商品或服务的认识过程、情感过程和意志过程的产生、发展和表现形式的规律性以及三个过程之间的联系，发现消费者行为中包含的心理共性。

2. 消费者的个性心理特征

人在气质、性格、能力、智慧等方面客观存在的差异是形成消费者个性心理的基础。

不同的个性心理，使得不同的消费者在消费需求、消费习惯、购买动机、购买方式等方面表现出明显的差异性。消费心理学通过研究消费者的个性心理特征，了解不同的消费行为产生的内在原因，掌握消费者购买行为和心理活动的规律，预测消费趋势。

3. 消费者购买过程中的心理活动

心理学研究认为，人的行为由动机决定，而动机又由需求引起。消费者的需求、购买动机和购买行为之间同样存在着决定与被决定的关系，消费心理学要在研究消费者需求与动机的基础上，进一步认识消费者的购买决策心理以及由此形成的购买行为和购买心理活动。

（二）影响消费者心理及行为的外部条件

消费者的心理活动及消费行为不仅由消费者自身特点决定，而且还会受到社会环境、消费者群体、消费态势及商品因素等外部环境与条件因素的影响。

1. 社会环境对消费心理的影响

社会的物质、制度和精神等环境因素对消费文化有不可低估的影响。一定的社会环境形成相应的消费文化，消费文化又制约人们的消费行为。消费心理学研究社会环境对消费心理的影响，其作用在于使经营者把握与消费者进行心理沟通的渠道。

在消费升级的大趋势下，中国消费市场正面临巨大变局，消费者由生存型消费转向发展型消费，由产品消费转向服务消费，由规模化、标准化消费转向个性化、品质化消费。麦肯锡《2016 年中国消费者调研报告》指出，中国消费者的消费品类正在从大众产品向高端产品升级，有 50% 的消费者声称自己追求最优质、最昂贵的产品。

2. 消费者群体对消费心理的影响

每一个消费者都生活在一个以上的群体之中。例如，很多高中生和大学生既属于校园中的青年消费群体，又属于二次元文化的消费群体。群体的意识特征和行为准则对消费者个体的价值观念、消费方式和消费习惯有着重要的影响和制约作用。消费心理学研究消费者群体与消费心理的关系，有助于经营者针对目标市场的特征采取相应的营销策略。

3. 消费态势对消费心理的影响

消费态势是指社会群体心理倾向的某些典型状态和形势，如消费流行、消费习惯、消费习俗、感性消费和畸形消费等。研究消费态势对消费心理的影响，目的在于进一步认识社会环境因素作用于消费者群体时所产生的特殊但却有一定典型性的消费心理现象。

4. 商品因素对消费心理的影响

影响消费心理的商品因素主要包括产品创新、商品品牌、商品包装和商品价格等。成功的产品创新需满足消费者的心理要求，在产品设计与推广等环节注重与消费者的心理沟通。商品品牌在消费者心中产生特定的心理效应，经营者在商品命名和商标设计环节应重点分析如何对消费心理产生影响。商品包装通过外在的表现形式刺激消费者产生购买欲望，导致购买行为。商品价格是影响广大消费者心理活动和购买行为的重要因素。消费心理学研究商品因素对消费心理的影响，目的在于帮助经营者认识自己的营销策略与消费心理的关系。

第三节　消费心理学的形成与发展

消费心理学作为一门独立的学科是近代才发展起来的，它是普通心理学的一个分支。普通心理学综合地研究社会实践中人的心理现象的共同规律，对人类的各种意识、行为进行科学的描述和解释。从19世纪末20世纪初开始，许多心理学家运用普通心理学的一般原理去研究人类在各个生活领域中特有的心理活动规律，从而派生出许多心理学的分支。例如，按照研究对象的不同出现的心理学分支有：青年心理学、儿童心理学及女性心理学等；按照研究领域的不同出现的心理学分支有：社会心理学、教育心理学、运动心理学、管理心理学、消费心理学、广告心理学及犯罪心理学等。心理学与社会实际结合越来越紧密，大大地丰富和深化了心理学研究的内容。消费心理学是心理学原理的一个重要的应用领域。

消费心理学从产生到形成一个独立的学科体系已有百余年的历史，大体可以划分为三个阶段。

1. 萌芽阶段（19世纪末至20世纪30年代）

萌芽阶段，研究消费心理和行为的理论开始出现，并且得到了初步发展。19世纪末20世纪初，资本主义国家经历工业革命之后，生产力大幅提高，市场上商品供过于求。1901年，美国心理学家沃尔特·D. 斯科特在美国西北大学报告中提出：广告应作为一门学科进行研究，心理学在广告中可以而且应该发挥重要作用。这被人们认为是第一次提出消费心理学问题。1903年，斯科特汇编了十几篇广告学相关论文，出版了一本名为《广告理论》的书籍。这本书的出版标志着广告心理学的诞生，而广告心理学则是消费心理学的雏形。在以后的近半个世纪，许多心理学家都围绕广告与心理问题进行研究，其研究成果和应用效果推动了消费心理学的发展。

2. 显著发展阶段（20世纪30年代至60年代）

显著发展阶段，对消费心理和行为研究的理论被广泛应用于市场营销活动中，消费心理学体系得以确立，并取得了快速发展。

1929—1933 年，西方资本主义国家发生了空前的经济危机，生产严重过剩，商品销售非常困难，传统的卖方市场转向买方市场，如何刺激消费成为转变危机的重要课题。企业生产经营观念发生了重大转变，由传统奉行的以生产为中心的"生产观念"转而遵从"推销观念"。受这一观念的驱使，企业在提出"创造需求"口号的同时，开始重视和加强市场调研，纷纷采取措施了解消费者的需求，提高消费者对商品的认识，促使消费者对商品产生兴趣，促成消费者的购买行为等。适应企业界的这一要求，有关学者开始对消费者心理等进行系统研究，市场营销学、管理学、广告学、推销学在市场营销活动中也得到了广泛运用，并取得了明显的效果。这些理论极大地丰富和完善了对消费心理与行为的研究，使消费心理学从其他学科中分离出来，成为一门独立的学科。

第二次世界大战后，以美国为首的资本主义国家相继进入发达阶段，经济迅速发展，消费者主体地位提升，企业之间的竞争越来越激烈，买方市场逐步形成。企业在经营方式上由"以产定销"改为"以销定产"，经营理念上也相应地转变为市场营销观念。

从 20 世纪 50 年代开始，人们对消费者心理和行为产生了更大的兴趣，特别是心理学在各个领域的应用中产生的重大成果，引起了企业家和学者的广泛关注。更多的心理学家、经济学家、社会学家纷纷提出了许多理论。

20 世纪 50 年代，美国心理学家马斯洛提出了著名的需要层次理论；美国心理学家布朗开始研究消费者对商标的倾向性；社会心理学家鲍尔开始研究参照群体对消费者购买行为的影响。1960 年，美国心理学会正式设立了消费心理学会分会，这一事件标志着消费心理学作为一门独立学科的诞生。此后，消费心理学在美国、日本等国家得到了充分的发展。

3. 全面发展和成熟阶段（20 世纪 70 年代至今）

20 世纪 70 年代以来，有关消费者心理与行为的研究日益广泛和深入，学科理论不断创新，主要表现在两个方面。

（1）研究领域的拓展：包括学科领域的拓展和研究国界的突破。

①学科领域的拓展。1969 年创立的美国消费者研究会的会员由心理学、农业经济学、建筑学、法学、医学、市场学、数理统计学、工程学等各个领域的专家组成，彼此之间起到相互促进的作用；1974 年创刊的《消费者研究》杂志得到了 10 个不同组织的支援。此后，这种学术风气很快传到了日、英、德等发达国家，探讨范围逐渐扩大。从美国主要学术权威刊物发表的消费心理学科论文、报告和调查资料来看，探讨范围除了消费生态、文化消费、决策模式等问题外，还有消费者保护、消费政策、消费信息处理、消费心理内在结构等问题。在消费者运动的推动下，从 20 世纪 70 年代起，市场营销学者提出了社会营销观念，把消费者利益置于突出的地位。

②研究国界的突破。学科无国界，消费心理学自从在美国诞生后，很快引起日、苏

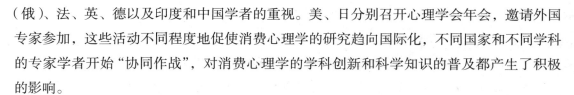

（俄）、法、英、德以及印度和中国学者的重视。美、日分别召开心理学会年会，邀请外国专家参加，这些活动不同程度地促使消费心理学的研究趋向国际化，不同国家和不同学科的专家学者开始"协同作战"，对消费心理学的学科创新和科学知识的普及都产生了积极的影响。

（2）研究的发展趋势：包括研究角度趋向多元化、研究参数趋向多元化、研究方法趋向定量化三个方面。

①研究角度趋向多元化。由传统的、单一的从商品生产者和经营者的角度研究消费心理，转变为把消费心理和消费行为同更广泛的社会问题联系起来，从宏观经济、自然资源、环境保护、消费者利益和生活方式等多个角度进行研究。

②研究参数趋向多元化。最初人们主要利用社会学、经济学的有关概念作为参数变量，根据收入、年龄、性别、职业、家庭等来分析消费心理和消费行为的差别。随着研究的深入，与心理因素和社会因素有关的变量，如需要、动机、个性、参考群体、社会态度、人际沟通等参数被大量引入；随着社会环境的急剧变化，研究者又逐步引入文化、历史、地域、民族、道德传统、价值观念、信息化程度等一系列新变量，使日益复杂的消费心理和消费行为的研究更加精细化。

③研究方法趋向定量化。传统的方法是对某一消费现象进行事实性记述和定性分析。随着新变量的引入和各参数变量之间相互关系的复杂化，一些专家越来越多地使用定量分析方法，如统计分析技术、信息处理技术以及运筹学、动态分析等现代科学方法和技术手段，揭示变量之间的内在联系。定量分析的结果，使建立更加精确的消费行为模式成为可能。

【小资料】

消费心理学在我国的研究情况

改革开放以前，我国在心理学领域的研究相对薄弱，很少有人从心理学的角度研究消费者及其消费行为。

改革开放以来，随着市场经济体制的建立和完善，我国消费品市场迅速发展，消费者在消费水平、消费观念、消费结构及消费方式等方面也发生了巨大的变化，消费者的自主意识、成熟程度也远高于以往的任何时期。与此同时，企业之间的竞争也越来越激烈，企业从经营实践中越来越深刻地认识到，消费者是上帝，是企业利润的来源，消费者的货币选票的投向决定了企业的生存和发展。为了自身的经济利益，为了获得消费者手中的货币选票，研究消费者的心理和行为变成了企业营销管理者的主要内容，同时也成为理论界探讨的重要课题。

20世纪80年代中期，我国开始系统地、大量地从国外引进有关消费心理与行为的研究成果。深入分析国外的研究方法和经验的同时，还针对我国市场的特点，进行有针对性的研究：如针对我国城乡差别日益扩大，对城乡不同的消费水平和消费结构的研究；针对我国实行计划生育后的家庭结构，对独生子女这个特殊消费群体的消费心理与行为的研究等。与此同时，从事消费心理的研究人员和研究机构日益增多，我国高等学校的相关专业纷纷开设"消费心理学"课程，作为学生必修的专业课。1987年，中国消费者协会正式成立，1993年10月《中华人民共和国消费者权益保护法》颁布，从而使消费者权益、消费者地位得以确立。

目前，工商企业对消费心理研究的重视程度越来越高，企业经营决策部门对消费者信息的依赖性越来越强，消费心理学在我国已经由介绍、传播期进入普及和应用期，科学健康的消费理念正在逐步形成。

第四节 消费心理学的研究方法与意义

任何一门学科，都有其特有的理论体系与研究方法。消费心理学的研究同样也有其独特的方法，而这些方法的应用都必须遵循一定的基本原则。消费心理学的理论研究是企业市场营销活动开展的理论基础。

一、消费心理学的研究原则

（一）客观性原则

客观性原则即实事求是的原则。消费心理的研究，必须紧密联系商业经营活动的实际情况，客观地、全面地分析在经营活动条件制约下的心理现象的特点，从而揭示消费者心理活动产生、发展和变化的规律。例如，消费者购买高档家居时，往往会产生购买后维修是否困难和是否为假冒伪劣商品的顾虑心理，因此商品经营者需要采取完善的售后服务措施，降低消费者的顾虑，从而提高销售额。

（二）联系性原则

联系性原则是指影响和制约消费者心理的内部、外部因素是相互联系的。例如，营销环境的优劣会影响消费者的情绪，而消费者的心境又制约其对环境的体验。此外，人的心理变化过程和心理状态也相互联系，如消费者群体对商品的认识过程，与他们当时的心理状态紧紧相连。消费心理学是交叉学科，我们在研究中只有联系其他相关学科的成果才会做到事半功倍，更好地为实践服务。

（三）发展性原则

世界上的万事万物都处在永恒运动、不断变化之中。用发展的观点来预测消费者的心理变化，对搞好企业的经营活动有着重要的实践意义。

近几年，随着生活水平的提高，消费者对于出行的消费心理已发生了很大变化。滴滴出行根据对消费者需求的深入挖掘，逐步推出了出租车、专车、快车、顺风车、代驾、公交、租车和企业用车等多种全方位出行服务，以及滴滴海外、敬老出租、拼车等特色服务，满足了消费者的不同个性化需求。

二、消费心理学的研究方法

消费心理学的研究方法很多，常见的有观察法、访谈法、问卷调查法和实验法等。

（一）观察法

消费心理学的研究方法

观察法是指研究人员在自然条件下依靠自己的感觉器官或其他技术手段，有目的地、有计划地系统观察与记录消费者在消费活动中的语言、行为表情等外显行为，并分析其消费心理现象的一种研究方法。

根据观察者参与的程度，可以分为参与观察和非参与观察。参与观察是指研究人员直接参与消费者的活动并对特定消费者的行为加以观察与记录的方法。非参与观察是指研究人员以旁观者的身份对特定消费者的行为和活动加以观察和记录的方法。根据观察场所，观察法又有自然观察和实验室观察之分。自然观察是指在消费行为发生的自然环境中、在被观察者不知情的情况下进行的观察，对消费者的行为不施加任何干预。实验室观察法是指在实验室内，在人为控制的某些条件下进行的观察，被观察者可能知情，也可能并不知情。

观察法的最大优点在于它的直观性和真实性。由于观察法原则上是在消费者并不知晓的环境下进行的，因而具有相当的隐秘性，观察到的原始资料也就比较真实、可靠。观察法的另一个重要优点是它能够排除语言等相关因素的干扰，获得其他调查方法无法得到的资料。例如，儿童、聋哑人等群体作为消费者时不能直接说出他们的感想和体会，用观察法就能加以弥补。

观察法的不足之处是带有一定的片面性、局限性和被动性。观察资料的质量容易受观察员的能力和其他心理因素的影响；观察到的资料数量有限，往往难以得出概括性的结论。此外，观察结果还有不易被量化处理，不易被重复验证的缺陷，因此，很难判断观察结果是否具有代表性和典型性，难以推论整体或全局。

（二）访谈法

访谈法又称询问法，是研究者通过与研究对象的直接交谈，以口头信息传播和沟通的方式来了解消费者的动机、态度、个性和价值观念等内容的一种研究方法。它是消费心理学最常用的研究方法。

根据研究者与访谈对象的接触方式，访谈法可以分为直接访谈和间接访谈两种方式。前者是访谈者与受访者面对面的交谈；后者是研究人员借助书面问卷或电话信函等媒介对受访者进行的访谈。根据被访谈的人数，访谈法可分为个别访谈和集体座谈两种方式。根据对访问过程的控制程度，访谈法又可以分为结构式访谈和无结构式访谈两种方式。

结构式访谈又称标准化访谈。它是一种按照访谈提纲进行的高度控制的访谈。这种访谈方式组织严密，条理清楚，所得到的资料比较系统，访谈结果便于量化。无结构式访谈又称非标准化访谈或自由式访谈。访谈中没有既定的提纲，研究者与受访者之间可以自由地交谈。这种访谈方式的优点是受访者能在不知不觉中吐露真实情感，常常会给访问者以很大启发，深化他对问题的了解。但这种访谈费时较长，谈话进程不易掌握，对研究者的访谈技巧，即素质与能力的要求也比较高，所以难以进行大规模的研究。

（三）问卷法

问卷法是研究消费者心理最普遍使用的资料收集方法，是研究者基于某个主题设计一套调查问卷，请被调查者书面回答问题的一种调查方法。问卷法适合了解消费者的动机、态度、个性和消费观念等信息。

问卷法的主要类型有自填问卷和访问问卷两种。自填问卷就是由被调查者自己填答的问卷，而访问问卷则是由访问者根据被调查者的口头回答来填写的问卷。自填问卷依据发送的方式又可分为邮寄问卷和发送问卷两种。访问问卷可以分为入户问卷、拦截问卷和集体问卷等。

问卷法主要是通过文字语言传递信息。其优点表现在：它是一种高效调查手段，能够同时取得很多被研究者的信息资料，可节省时间、经费和人力，简便易行。加上问卷调查基本上是封闭式问卷，具有很好的匿名性，研究者可以收集到比较真实的信息。同时收集得到的资料很容易转换成数字，易于进行定量处理和分析。但问卷法也有其局限性，主要是它以文字语言为媒介，要求被调查者具有一定的文化水平；另外问卷的有效回收率和问卷调查资料的质量难以保证，这也是当今问卷调查法所面临的一个难题。

（四）实验法

实验法是指研究人员在人为控制或预先设定的条件下，有目的地通过刺激引发应试者的某种反应，并加以分析，找出有关心理活动规律的一种调查方法。

实验法根据实验场所的不同可分为实验室实验和现场实验两种。实验室实验是在专门的实验室内借助仪器和设备进行的研究。实验室实验的结果准确性较高，但对人员、设施、设备的要求较高，所以应用范围比较有限。现场实验也称自然实验，是在实际的营销活动中，给消费者以一定的刺激或诱导，进而研究消费者的心理活动和行为规律的方法。这种实验方法受仪器和设备的限制较小，易于实行，在消费心理学的研究中被较多地采用，具有较强的现实意义。

【头脑风暴及应用】

假设某手机企业要开发校园市场，你认为了解同学们选购手机的消费心理，可以选择哪些研究方法？

三、消费心理学的研究意义

随着社会主义市场经济体制的逐步确立，我国消费品市场蓬勃发展，并且消费者在消费水平、结构、观念和方式上都发生了前所未有的变化，消费者的主体意识明显增强，消费成熟度大大提高。研究消费者心理对市场营销者开展各种各样的营销策略具有极其重要的意义。

（1）有助于企业根据消费者需求变化开展生产经营活动，提高市场营销活动效果，增强竞争力。

企业为了在激烈的竞争中立于不败之地，必须千方百计地开拓市场，借助各种营销手段争取消费者，研究并满足消费者多样化的需要，不断扩大和巩固市场占有率。如近几年智能手机市场竞争激烈，华为公司重视对手机用户需求的挖掘，靠品质取胜，突出产品性价比，满足了市场对手机不断变化的需求。根据2017年6—7月的全球智能手机销量统计，华为超过苹果成为全球出货量最多的手机品牌，跻身"第一集团"。

（2）有助于消费者自身素质的提高，科学地进行个人消费决策，改善消费者行为，实现文明消费。

加强对消费者心理与行为的研究，通过传播和普及有关消费者心理与行为的理论知识，帮助消费者正确认识自身的心理特点和行为规律，全面了解现代消费者应具备的知识、能力等条件，掌握科学决策的程序和方法，从而改善、美化生活，提高生活质量。如一些不法保健品商家针对老年人开展"免费体验""免费旅游""免费送礼品"等活动，利用老年人贪图小利、盲目决策的弱点引诱他们消费，以达到高价推销次货、陈货的目的。还有一些商家雇用"托儿"，营造一种从众的气氛使一些消费者上当受骗。如果消费者具有从众等心理现象的基本知识，便会理智地提醒自己，降低上当受骗的可能性。

（3）有助于推动我国尽快加入国际经济体系，开拓国际市场，增强企业的国际竞争力。

当今时代，是开放的时代；当今市场，是国际化的市场。国际经济活动成为很多企业的支柱，但不同国家、地区、民族的消费者在消费习惯、需求、爱好、禁忌以及道德观念、文化传统、风俗民情等方面存在着很大的差异，如果企业不了解这些差异，不仅无法使自己的产品在国际市场上占据应有的份额，甚至可能引发政治争端。如红色包装在中国和日本是喜庆的象征，在瑞典和德国则被视为不祥之兆；八卦与阴阳图对西方人完全是个无关的刺激，可在东方，人们却很容易把它跟道教联系起来，韩国人则更是把它视为喜爱的标志；熊猫图案在阿拉伯国家是不受欢迎的等等。这些跨文化的研究，对我国进一步开拓国际市场，增强国际竞争力有十分重要的意义。

➤ **知识练习与思考**

1. 消费心理学的研究内容包括哪些？
2. 消费心理学的研究对象有哪些？
3. 消费心理学的研究目的是什么？
4. 消费心理学的产生和发展经历了哪些过程？
5. 消费心理学的研究方法有哪些？试举例说明。

➤ **案例分析与应用**

农夫山泉有点甜

农夫山泉自 1997 年面世以来，一直在打造为人类的健康事业做贡献的品牌概念，以年销售额 150 亿元的成绩领跑中国饮用水市场。它是如何做到的？

每当看到"农夫山泉"这四个字，人们的脑海中首先闪现的是那句出色的广告语——"农夫山泉有点甜"。这句广告语是在农夫山泉一则有趣的电视广告中被提到的：在一个乡村学校里，当老师往黑板上写字时，调皮的学生忍不住喝农夫山泉，推动瓶盖发出的砰砰声让老师很生气，说："上课请不要发出这样的声音。"下课后老师却一边喝着农夫山泉，一边称赞道："农夫山泉有点甜。"随着该广告在中央电视台的播放，"农夫山泉有点甜"的声音传遍大江南北，品牌知名度迅速打响。"农夫山泉有点甜"是卖点，以口感承诺作为差异化诉求，借以暗示水源的优质，使农夫山泉在消费者心中形成了感性偏好、理性认同的整体策略，同样也使农夫山泉成功地建立了记忆点。

根据此则广告不难看出，农夫山泉创造显著差异性，建立自己个性的策略，当别的同类

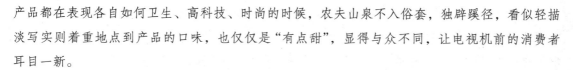

产品都在表现各自如何卫生、高科技、时尚的时候,农夫山泉不入俗套,独辟蹊径,看似轻描淡写实则着重地点到产品的口味,也仅仅是"有点甜",显得与众不同,让电视机前的消费者耳目一新。

为什么农夫山泉广告定位于"有点甜",而不是像某个纯净水广告那样,诉求重点为"27层净化"呢?这就是农夫山泉广告的精髓所在了。首先,农夫山泉对纯净水进行了深入分析,发现纯净水有很大的问题:它连人体需要的微量元素都没有,这违反了人类与自然和谐的天性,与消费者的需求不符。这个弱点被农夫山泉抓个正着。作为天然水,它自然高举起反对纯净水的大旗,而它通过"有点甜"正是在向消费者透露这样的信息:农夫山泉才是天然的、干净的、健康的。

天然的概念让农夫山泉与其他品牌有区别点

事实上,农夫山泉在甜味上并没有优势可言,因为所有的纯净水、矿泉水,仔细品尝都是有点儿甜味的。只是农夫山泉首先提出了"有点甜"的概念,在消费者心理上抢占了制高点。

同样,消费者只愿意也只能够记住简单的信息,越简单越好,简单到只有一点,最容易记忆。农夫山泉仅仅用了"有点甜"三个再平常、简单不过的字,而真正的点更只是个"甜"字,这个字富有感性,每个人接触这个字都会有直接的感觉,具有极大的强化记忆功效,而记住了"有点甜"就很难忘记"农夫山泉"。农夫山泉就是以简单取胜,简单,使自己能够轻松地表述;简单,也使消费者能够轻松地记忆。

抓住了中国人非常注重健康的心理,反复突出农夫山泉的优良水质

符合产品的特性,突出产品的优良品质。"农夫山泉有点甜"在这一点上表现得无可挑剔。农夫山泉取自千岛湖 70 米以下的深层水,这里属国家一级水资源保护区,水质纯净,喝一口都会感到甘甜。正是这样,用"有点甜"来形容可谓恰当之极,因为它符合产品的特性;更可谓精妙之极,因为它突出了产品的优良品质。

概念明确后,就要用简单有力的创意来传达:极简的背景,一杯水,水的倒入与更换。"人体中的水,每 18 天更换一次","水的质量决定生命的质量"。本次广告与之前农夫山泉一直在传播的"水源地建厂,水源地灌装"完美结合,并进行了新的阐释——农夫山泉是健康的天然水,不是生产加工出来的,不是后续添加人工矿物质生产出来的。

简单的"有点甜"三个字让消费者轻松记忆

"有点甜"无疑让人感觉美好,"甜"意味着甜蜜、幸福、欢乐,这是中国人终生的追求,这样的中国人必定会追求感觉甜美的产品。农夫山泉抓住这一点,对中国人说:我,有点甜。作为广告语,这等于说:我,是你的追求。更等于说:请追求我吧。农夫山泉就是用诱惑力赢得消费者的购买力。

和竞争对手拉开距离

"我们不生产水,我们只是大自然的搬运工"这一观点,出乎消费者常规思维,简洁有力且富有内涵。该广告迎合了消费者对健康、安全的需求,将农夫山泉天然的产品属性传递给了

消费者，使农夫山泉与其他品牌区别开来，树立了农夫山泉良好的企业形象。

这个广告开始于 2008 年，那时康师傅矿物质水被爆出水源来自于自来水，这个广告的播出颇有点"落井下石"的味道。农夫山泉的这个广告可以说"很朴实"，但效果却很好。因为它很注重广告的实效。广告创意能否达到促销的目的基本上取决于广告信息的传达效率，这就是广告创意的实效性原则。农夫山泉的"大自然的搬运工"广告就通过传授健康知识的方式，很注重广告的"实用性"。

农夫山泉一环扣一环的广告策略，让人领略了东方智慧的魅力，将农夫山泉自然、健康的理念深深地植入消费者的心里，很好地打造了农夫山泉为人类的健康事业做出贡献的品牌概念。

问题讨论：

（1）在满足消费者心理和需求方面，农夫山泉如何成功地进行了产品的推广？

（2）查阅资料，目前农夫山泉推出了哪些新的广告宣传？广告诉求点是什么？

➤ **项目实训**

服饰是大学生日常消费中的重要消费对象。以你所在班级为例，开展一次班级服饰消费调研，并根据调研数据，撰写简单的班级同学服饰消费调研报告。

调研报告中应包含以下主要内容。

（1）服饰品牌包括：

_____

（2）服饰消费的价格空间：

上衣：_____裤子（裙子）：_____

（3）最常见的三个品牌有何卖点（品牌定位）？

品牌一：名称：_____卖点：_____

品牌二：名称：_____卖点：_____

品牌三：名称：_____卖点：_____

（4）班级同学服饰消费途径与原因：

网络消费比例（百分比）：_____

网络消费的主要原因：_____

实体店消费比例（百分比）：_____

实体店消费的主要原因：_____

（5）班级同学服饰消费的主要特征：

男同学：_____

女同学：_____

第二章
消费者的心理活动过程

➤ **导入案例**

小王购买计算机的心理活动过程

小王是在校大学生，因为学习需要，想买一台计算机。由于他对计算机不是很熟悉，于是先翻阅了与计算机相关的书籍，上网查询了选购计算机的经验，并向同学、朋友征询了意见。结合自己的经济状况和学习需要，小王初步确定了购买意向。在商场，营业员极力向他推荐一款正在促销的计算机，配置较高，性能较好，而且还有赠品，但是价格昂贵。

小王经过对比，认为自己购买计算机的主要目的是学习，虽然偶尔玩玩游戏，但都比较简单，对计算机配置要求不高。于是，小王最终选择了一款配置普通、价格较低、有品牌信誉的计算机。这样，既满足了自己的需求，又不会对生活产生很大的影响。

【思考】

1. 小王购买计算机的过程反映了消费者的哪些心理活动过程？

2. 商场和生产厂家应如何利用消费者的认知心理来促进计算机销售？

消费者的心理活动过程是支配其购买行为的心理活动的发生和发展的过程，是消费者不同的心理现象对客观现实的动态反映，通常包括认识过程、情感过程和意志过程三个阶段。研究消费者在购买过程中发生的心理活动过程，对企业经营者了解消费者心理变化，从而采取相应的心理策略有很大帮助。

第一节　消费者的认识过程

人的心理过程，是心理现象的不同形式对现实的动态反映。19 世纪到 20 世纪初，心理学的研究取得了很大的进展，心理学家们把人的心理活动划分为 3 个方面，即认识过程、情感过程和意志过程，简称知、情、意。认识、情感和意志 3 种心理过程，是人的统一的心理活动的 3 个不同方面。对认识过程、情感过程和意志过程的研究所取得的成果，极大地深化和丰富了消费心理学的理论。人们认识客观事物的一般过程，往往事先有一个表面的印象，然后再运用自己已有的知识和经验，有联系地综合加以理解。可以说，人们对事物的认识过程，也就是人们对客观事物的个别属性的各种不同感觉加以联系和综合的反应过程。这个过程主要通过人的感觉、知觉、记忆思维等心理活动来完成。

一、消费者的感觉与消费心理活动过程

（一）感觉的含义

感觉，是指人脑对直接作用于感觉器官（眼、耳、鼻、舌和皮肤）的外界事物的个别属性的反映。例如视觉可以辨别光线的强弱和颜色的深浅，判定物体的远近和形状的大小；听觉可以接收和辨别各种声音的音色、音调和分贝；嗅觉可以分辨各种挥发性物质的气味；味觉可以分辨溶于水中的物质的化学特性等。感觉器官人人具有，只不过可能一些人在某一方面感觉器官更敏感些，其他方面感觉器官稍迟钝一些。外界任何事物都有着许多个别属性。一个西红柿就有许多个别属性：鲜红的颜色、清新的香气、酸甜的滋味和光滑的表皮等。西红柿的这些客观属性，作用于我们的眼、鼻、舌等感觉器官时，就会产生各种感觉。外界事物的属性是指客观事物最简单的物理属性（如颜色、形状、大小、软硬、光滑、粗糙等）和化学属性（易挥发与易溶解的物质的气味或味道）及带给人最简单的生理变化（疼痛、舒适、凉热、饥饱、渴等）。任何一种感觉，都是人的大脑对该事物的个别属性的反映。

感觉，从内容来说是客观的，但从形式上说是主观的。因为人对客观事物的反应，必须依赖人的大脑、神经和各种感觉器官的正常机能，并受到人的机体状态的明显影响。

（二）感觉的基本特征

感觉具有感受性、适应性、对比性、联觉性等基本特征。感觉的运用对研究消费者心理具有重要的影响。

消费者感觉活动的基本规律

1. 感受性和感觉阈限

人的感官只有在一定的刺激强度范围内才能产生兴奋。不同客体的刺激对不同的人来说引起的感觉各不相同，而且也不是所有的刺激都能引起人的感觉，只有达到一定的刺激强度人才能产生感觉。对刺激强度及其变化的感受能力叫感受力。感受性就是感觉器官对适宜刺激的感受能力。

感受性的大小是用感觉阈限的大小来度量的。我们把能够引起感觉的、持续一定时间的刺激量称为"感觉阈限"。感觉阈限分为绝对阈限和差别阈限两种类型。

绝对阈限也叫感觉的下限，是指刚刚能引起感觉反应的最小刺激量，反映绝对感受性的强弱。比如味觉的绝对阈限大致如下：食盐——0.01 当量溶液；盐酸——0.0007 当量溶液；奎宁——0.0000001 当量溶液；糖——0.01 当量溶液。

差别阈限则是指刚刚能被察觉出来的两个同类刺激物之间的最小差别量，或叫"最小感觉差"。差别阈限与原刺激物强度的比值是一个常数，原刺激物强度越高，则差别阈限也越高，最小感受差别也越大。例如，单价 10 万元的轿车，价格下调 500 元，往往不为消费者所注意，而一升汽油的价格上调 0.5 元，消费者就会感觉价格涨了很多。差别阈限在市场营销活动中有着广泛的应用价值，是改变营销、市场策略时常常涉及的重要因素。有时商家希望提供的折扣能被消费者注意到，而有时希望价格上涨或包装变小的事实被消费者忽视。以价格促销为例，企业在降低产品价格，优惠促销时，其降价幅度只有大于（即超过）差别阈限，才会被消费者所感觉。有试验表明，珠宝商为了吸引消费者，通常需要削减 20% 以上的价格，才能使消费者感觉到降价的诱惑。同样地，当企业面对成本上涨的压力，而不得不提高商品或服务的价格时，每次提价的幅度应尽量不超过价格差异的差别阈限，以免对市场销量带来负面影响。

【小资料】

美国一家食品公司，在 23 年间，牛奶巧克力条的价格先后调整了 3 次，可是它的重量却变动了 14 次，其中重量的多次变化并未引起多数消费者的察觉。

---

2. 适应

人对刺激的感受性与刺激物的作用时间是有关的，人的感受性会随着同一刺激物持续作用于感觉器官的时间长短发生变化。随着这种作用的持续时间逐步加长，感觉就逐步适应，感受性就会下降，这叫作感觉的适应性。"入芝兰之室，久而不闻其香；入鲍鱼之肆，久而不闻其臭"，讲的就是感觉的适应性。适应现象是在进化过程中，有机体与环境相互作用而逐渐形成和固定下来的，它能够使人在变化多端的环境中更好地生存。适应是人们应对环境变化时心理自动调节的一种办法。在进行购买活动之前，消费者一般会有较强的好奇心，好奇心将会因为商品购买行为的完成而逐渐消失，同样，在使用商品的过程中，消费者刚开始对商品属性的感觉要相对敏感些，并且有很强的新鲜感，随着使用时间的延长，这种敏感性也会逐渐降低，甚至消失。

3. 对比

不同的刺激物作用于同一感受器官而使感受性发生变化的现象叫作对比。不同的刺激物同时作用于同一感受器官产生的对比现象叫作同时对比。如同样一块灰色的布料，在白色背景中颜色就显得暗些，而在黑色背景中就显得亮一些。不同刺激物先后作用于同一感受器官时会产生继时对比现象，如从喧闹的城市到幽静的乡间，人会感觉到非常适宜；吃了糖之后接着吃有酸味的苹果，会觉得苹果更酸等，都是继时对比现象。

4. 联觉

一般来说，一种通道的刺激能引起该通道的感觉，但有时这种刺激还能同时引起另一种通道的感觉，这种现象叫联觉。例如，色觉又兼有温度感觉。如，红、橙、黄色会使人感到温暖，所以这些颜色被称作暖色；蓝、青、绿色会使人感到寒冷，因此这些颜色被称作冷色。日常生活中，人们常说"甜蜜的声音"、"冰冷的脸色"等等，都是一种联觉现象。人们在绘画、建筑、环境布置、图案设计等活动中经常利用联觉现象以增强相应的效果。经营者可以利用联觉来改善购物环境，以适应消费者的主观状态，这对促进营销活动具有积极的意义。

【头脑风暴及应用】
　　在夏天和冬天两个不同季节到商场和超市购物，那里的装潢和广告设计色彩搭配是否相同？有何感觉？

（三）感觉在营销活动中的作用

感觉是一切复杂心理活动的基础。没有感觉，就无法进一步认识商品，更无法了解其功能。感觉在消费者购物和企业营销工作中的作用有以下几点。

1. 感觉使消费者获得对商品的第一印象

第一印象的好坏直接影响消费者的购物态度和行为。对生产商和销售商来讲，要有"先入为主"的意识和行为，在商品的色彩、大小、形状、质地、价格等方面精心设计自己的商品，使其牢牢抓住消费者的感觉。如潮阿牛潮汕生鲜牛肉馆凭借传统潮汕的纯手工制作工艺、精细的现场肉品分割选用，抓住了顾客的眼球，使地道"纯正"新鲜的潮汕火锅备受青睐。

2.信号的刺激强度要使消费者产生舒适感

消费者认识商品的心理活动从感觉开始，不同的消费者对刺激物的感受性不一样，即其感觉阈限不同。有的人感觉器官灵敏，感受性高，而有的人则感受性低，承受能力强。企业做广告、调整价格和介绍商品时，向消费者发出的刺激信号强度应适应他们的感觉阈限，注意消费者感受的舒适性问题。如销售现场过强的灯光、过大的声响、杂乱无章的布置，网络视频频频弹出的广告视窗等，这些超强刺激因素均会影响消费者的舒适感，从而降低消费者对品牌的印象，形成对企业及品牌的负面需求。

3.感觉是消费者引发某种情绪的诱因

消费者的情绪和情感常常是行为的重要影响因素，而感觉又经常引发消费者的情绪和情感。客观环境给消费者施加不同的刺激，会引起他们不同的情绪感受。如轻松优雅的音乐、协调的色调、适当的灯光、自然光的采用、商品的陈列造型、营销人员的亲切微笑等，都能给消费者以良好的感觉，从而引发他们愉悦的情绪和心境。此外，商品的包装和装潢、广告的设计等都应使消费者产生良好的感觉，引导消费者进入良好的情绪状态，更多地激发起消费者的购物欲望。

二、消费者的知觉与消费心理活动过程

（一）知觉的含义

知觉是人脑对直接作用于感觉器官的客观事物的整体反映，是消费者在感觉基础上对商品总体特性的反映。知觉有空间知觉、时间知觉、运动知觉、社会知觉、错觉等。感觉是知觉的基础，但知觉并非是感觉的简单相加，而是受过去经验的制约，在知识和经验的基础上，经过人脑的加工，形成对事物正确解释的过程。

如当消费者要购买某品牌手机，首先对手机的款式、清晰度、功能、价格等个别属性有所反映时，可以说对该手机有了感觉。当其了解该商品的售后服务情况以及向已购买该品牌的朋友征求意见时，该商品就在消费者的头脑中有了综合的反映，我们称这一过程的心理活动为消费者知觉过程。知觉的意义在于，消费者感觉到某一商品的存在，并与自身需要相联系，从而产生购买决策。

（二）知觉的特征

知觉具有整体性、理解性、选择性和恒常性等基本特征。

知觉的特征

1.知觉的整体性

知觉整体性也称为知觉的组织性。知觉的对象是由许多部分或属性综合组成的，虽然

各组成部分都有各自的特征，但是人们并不会把对象感知为许多个别的孤立的部分，而总是把它作为一个有组织的整体加以感知，甚至当客观事物的个别属性或个别部分直接作用于人的时候，也会产生对这一事物的整体印象。例如，人们看到蛋糕不需要去摸、去尝，就能感到它是软的、香的、甜的。这是因为有关蛋糕的各种属性都已经储存在消费者的整体映象中。消费者在购买服装时，一般不会只考虑面料、颜色或者款式，而总是把品牌、质量、价格等各种因素综合起来考虑，构成一个服装整体的感知映象。知觉的整体性使消费者能够将某种商品与其他商品区别开来。当购物环境变化时，可以根据消费对象各种特征间的联系加以识别和辨认，从而提高知觉的准确度。

2. 知觉的理解性

人们在知觉客观事物的时候，总是根据以往所获得的知识经验来解释它们，并用词把它们标示出来，归入一定的对象类别中。这就是知觉的理解性。人的知识经验越丰富，对事物的感知就越完整、越准确。例如，具有电子专业知识的消费者在选购电子产品时，通过阅读说明书及调试比较，就能理解电子产品的结构、性能、特点和品质，并做出正确的评判和决策。知觉的理解性有助于人们从背景中区分出知觉对象，有助于人们形成整体知觉，从而扩大知觉的范围。合理运用知觉的这一特性，消费者可以更客观地了解自己的需要并对消费决策进行调整，而营销者也能更有效地制定相应的市场策略，进行广告定位等。

3. 知觉的选择性

现代消费者往往置身于商品刺激的包围之中，但是，消费者并非对所有刺激都做出反应，而是有选择地把其中的一部分刺激作为信息加以接收、加工和理解，这种在感觉基础上有选择地加工、处理信息并借以知觉的特征，就是知觉的选择性。凡是低于绝对感觉阈限或差别感觉阈限的较弱小的消费刺激，均不被感觉器官所感受，因而不能形成知觉的选择对象。而受人脑加工信息能力的影响，消费者不能在同一时间内对所有感觉到的信息进行加工，只能对其中的一部分加以综合解释，形成知觉。

【小资料】

有研究表明，平均每天显示在消费者眼前的潜在广告信息达 1500 项，但被感知的广告只有 75 项，而产生实际效果的只有 12 项。

因此，具有某种特殊性质或特征的消费对象，如形体高大、刺激强度高、对比强烈、新奇独特、背景反差明显等，往往容易首先引起消费者的直觉选择。比如健力宝集团的爆果汽饮料曾经以其独特的黑色包装引人注目，源于其颜色与其他饮料形成的极大反差。

影响知觉选择性的因素有以下几种。

（1）主观因素。凡是与人的需要、动机、兴趣、目的、情绪、态度、知识、经验有关的事物都会被优先选择为知觉对象。例如，在众多的海报中球迷会发现球赛的海报。在商场里，女人对于新款服装更加敏感。从情感状态来看，轻松愉悦时，人们对刺激物的反应灵敏；心情苦闷时，则可能对周围的事物视而不见等。

（2）客观因素。这主要是由刺激物本身的特点决定的。对象与背景的差距越大，对象就越容易从背景中被区别开来。例如，青蛙在青草地中不容易被发现，而雪地上的梅花却格外抢眼。夜空中闪烁的霓虹灯，常常会吸引人们的视线等。

（3）防御心理。防御心理潜在地支配着消费者对于商品信息的知觉选择。趋利避害是人的本能，当某种带有伤害性或于己不利的刺激出现时，消费者会本能地采取防御姿态，关闭感官通道，拒绝信息输入。在上演恐怖电影时，观众会闭上眼睛、捂住耳朵即为防御性知觉选择。

4. 知觉的恒常性

知觉的恒常性是指当知觉对象在一定范围内发生了变化的时候，知觉形象并不因此发生相应的变化而保持相对稳定的特性。例如，一台白色电冰箱在晚上看起来比白天灰暗得多，但人们对冰箱的知觉仍为白色。人总是在自己的知识经验的基础上感知对象。当外界条件发生一定变化时，变化了的客观刺激物的信息与经验中保持的印象结合起来，人便能在变化的条件下获得近似于实际的知觉形象。对知觉对象的知识经验越丰富，在一定条件下，就越有助于保持感知对象的恒常性。知觉的恒常性保证了消费者排除外界干扰，在复杂多变的市场环境中，保持对某些产品、品牌或企业的一贯认知，而不受到某些条件的影响。例如，某些消费者对知名品牌传统商品、老字号店铺有着很高的品牌忠诚度，这种忠诚度在一定程度上就是源于具有恒常性的知觉，也是消费者能排除外界干扰或诱惑而继续惠顾的重要原因之一。但是，知觉的恒常性也会成为消费者接受新产品的心理障碍，常常影响新产品的推广与渗透。所以我们在营销活动中要合理利用知觉恒常性的特征。

（三）错觉现象

人们在知觉某些事物时，可能受背景干扰或某些心理因素影响，往往会产生失真现象，这种对客观事物不正确的知觉称为错觉。错觉的种类很多，生活中常见的有长短错觉、大小错觉、图形错觉、颜色错觉、运动错觉和时间错觉等。错觉现象在生活中十分普遍。如同样身高的男女，人们总是认为女的比男的要高一些；房间里装上一面镜子，就显得比原先宽敞了许多等。

市场营销者需了解错觉对消费者感知客观事物的影响，将错觉原理巧妙地运用在广告宣传、包装设计、橱窗布置及商品陈列等营销策略中，满足消费者的心理需求，对吸引消费者的注意，刺激消费者的购买行为具有重要的作用。如绿色瓶装的啤酒会给人清爽的感觉，而黄色瓶装的啤酒则给人富含营养的感觉；深颜色、竖条纹的服装会使矮胖的顾客显得苗条，而浅色、横条纹的服装则使身材瘦高的顾客显得丰满。

【小资料】

刷卡消费减轻了购买者神经系统的痛苦

一笔钱的价值取决于它能买到的东西，也就是那笔钱买来的东西所获得的喜悦程度。如果金钱本身能让人开心，那么掏出钞票就一定让人痛苦。拿出钱包，一张一张地数出钞票，准备向这些钞票说再见的痛苦，绝不是掏出漂亮的信用卡的痛苦所能比拟的，所以大家喜欢用信用卡支付各种费用，以减少直接掏钱带来的痛苦。"好像花的不是自己挣的钱，没有痛感"，一个持卡消费者如是说。这就是金融系统和商业机构卖力地推销各种支付卡、VIP卡服务的隐蔽原因。

一旦消费者成为某商场、某品牌的VIP之后，人们可以享受一些特有的优惠或折扣包括返利、提前预约、免费停车等特殊权利，不但有实惠，而且成为身份地位的象征。因此，越来越多的商家热衷于为顾客办理VIP卡，以打折、返利、积分等优惠吸引顾客购买。

（资料来源：［意大利］利玛窦·墨特里尼，《消费心理学》，新世界出版社，2014年版）

【分析】

正是因为刷卡消费减轻了购买者当时的付款压力，消费者更容易冲动购买。银行和商家深谙消费者的这种错觉，才会不遗余力地推销各种支付卡及VIP卡服务。

（四）知觉在营销活动中的作用

知觉在市场营销中对消费者行为的影响，主要有以下几点。

1. 知觉能引导消费者选择自己所需的商品

有明确购买目标的消费者走进营业现场后，能很快地找到出售欲购商品的柜台，同时能积极主动地在琳琅满目的商品中选择出所要购买的商品，其间，知觉产生了引导作用。而货架柜台中的其他商品，相应地成为知觉对象的背景，消费者对其或视而不见，或感知模糊，这是知觉的选择性作用的结果。知觉的选择性可以运用于商业设计中。如在柜台布置上，利用灯光的照射可以使摆放在货架上的商品更加高贵、典雅，广告中的背景音乐、色彩搭配等衬托，会加深消费者对商品的知觉。

【头脑风暴及应用】

2017 年 7 月 27 日，星巴克宣布关闭旗下全部 379 家 Teavana 茶店，这就意味着该公司进军茶饮业的计划以失败而告终。请分析其失败的原因。

2. 知觉能带动消费者做出购买商品的理性决策

知觉的理解性在人们购买商品时起到了十分重要的作用。如具有求实、求廉心理的消费者，在购买商品时注意商品的实际功能相对于需求的满足程度，同时也考虑到商品价格与质量、性能之间的关系。这些消费者一般不会盲目追求豪华、高档、高价的商品。即使商品存在某些不足，如果其功能、内在质量仍能满足要求，而价格又较低，他们依然愿意购买。

3. 知觉能使消费者形成对商品的特殊喜爱

知觉的恒常性使消费者对质量优良的商品、名牌企业的名牌商品形成良好的印象。这种良好的印象会转化为他们的购买行为，并成为该品牌的忠实消费者。如有的消费者不仅自己购买喜爱的品牌商品，还会为该商品义务宣传，向亲朋好友、邻居推荐这些产品；反之，如果消费者对企业和商品产生了不好的印象，也会积极地将其传递给周围的亲朋好友。

三、消费者的注意与消费心理活动过程

（一）注意的含义

注意是指心理活动对一定对象的指向和集中。指向性指的是选择一定的事物作为心理活动的对象，并比较长久地保持在选择的对象上。集中性是指人的心理活动离开与所选择对象无关的一切事物，深入到所选择的对象中，并抑制与对象无关的甚至有碍的活动。指向性和集中性是密不可分的，没有指向性就没有集中性，同时，指向性通过集中性才能明显地表现出来。指向性强调的是目标，集中性强调的是强度。当消费者注意到某物时，就会很少关注到周围的其他事物，甚至根本察觉不到，同时会伴有一定的外部特征，包括表情、语言和动作等。当消费者注意到喜欢的商品时，瞳孔是放大的，表情是愉悦的，姿态和动作是趋向于商品的，甚至爱不释手。对商家来说，吸引消费者的注意尤为重要，尤其是在买方市场中。如果信息没有引起消费者的注意，那么被感觉到的信息转眼就会被遗忘，只有引起消费者注意的少量信息才会进入消费者的记忆。因此有人说现代经济是"眼球经济"，尤其是娱乐业，吸引了大家的注意，就有了人气，就为打造明星奠定了基础。为此甚至有人不惜以负面新闻吸引大家的注意。

（二）注意的种类

1. 无意注意

指没有预定目的、不加任何意志努力而产生的注意。消费者在无目的地浏览观光时，经常会在无意之中不由自主地对某些刺激物产生注意，刺激物的强度、对比度、活动性、差异性等，是引起注意的主要原因。例如，色彩鲜艳的包装，散发的诱人香味，色彩变幻的霓虹灯，与背景反差明显的陈列等，都会因其本身的独有特征而形成较强的刺激信号，引起消费者的无意注意。此外消费者的潜在欲望和精神状态等，也是形成无意注意的诱发条件。比如一些年轻女士对于商家的服装让利信息尤为敏感，所以比较容易产生无意注意。

注意的种类和特征

2. 有意注意

指有预定目的、需要经过意志努力而产生的注意。在有意注意的情况下，消费者需要在意志的控制之下，主动把注意力集中起来，直接指向特定的消费对象。因此，有意注意通常发生在需求欲望强烈、购买目的明确的场合。例如，烟民买烟，酒徒酤酒等。与无意注意相比，有意注意是一种更高级的注意形式。通过注意，消费者可以迅速地感知所需商品，准确地做出分析判断，从而缩短对商品的认知过程，提高购买效率。

3. 有意后注意

指有预定目的、但不经意志努力就能维持的注意。它是在有意注意的基础上产生的。消费者对于消费对象有意注意一段时间后，逐渐对该对象产生兴趣，即使不进行意志努力仍能保持注意，此时便进入有意后注意状态。在观看趣味性、娱乐性广告或时装表演时，人们就经常出现有意后注意现象。这种注意形式可以使消费者不会因过分疲劳而发生注意力转移，并使注意保持相对稳定和持久。但是，有意后注意通常只发生在消费者感兴趣的对象或活动中。一些对于品牌比较忠诚的消费者的注意即为有意后注意。

新产品进入市场时，无意注意是主要渠道，许多商品都是通过这一渠道的扩散才成为消费者有意注意的对象。因此，无论消费品的生产还是推广，都必须非常重视开发无意注意这一心理资源。

【小资料】

互联网时代的"经济"是一个异常受宠的词语，除了"新经济""泡沫经济""虚拟经济"之外，不知谁又发明了一个"注意力经济"，也称"眼球经济"。

"眼球经济"是互联网发展过程中的一个特有现象，这里我们拓展一下它的外延，引申到其他产业领域中去。

目前，似乎衡量一个网站成功与否的重要标志是网页访问量的大小。而这个访问量的标尺是日访问量（点击率），有个形象的说法叫日流量，我们也经常可以听到"Page View"这个词。或许英文的称法更能让人把网页的日访问量与"眼球经济"联系起来。

访问网页的直接表现形式是"看"，"眼球经济"的提法也十分形象。若不是如此形象，媒体上也不会一再出现这个并不规范的词语。

（三）注意在营销活动中的作用

注意在消费者心理活动过程中具有重要的作用，因此企业在进行商品设计、包装、广告宣传等营销活动时，应有针对性地采取多种营销手段，以引起和保持消费者的有效注意。

1. 采用多元化的经营手段调节消费者在购物过程中的注意转换

目前国内很多大型零售企业都往往集购物、娱乐、休闲、餐饮等于一体，满足了消费者全方位的消费需求，使消费者时而有意注意时而无意注意，有利于延长停留时间，创造更多销售机会，同时也可以使消费者充分享受购物的乐趣。

2. 充分发挥注意的心理功能，引发消费需求

只有有意注意才会引发消费者明确的需求，因此在企业的经营活动中可以充分利用注意的心理功能，利用各种各样的营销手段，引起消费者的无意注意，并促使消费者由无意注意转换到有意注意，从而引发消费需求。

3. 利用成功的广告宣传引起消费者的注意

实践证明，在广告设计制作中巧妙地利用刺激物的大小、强度、色彩、位置和间隔等的对比及变化都可以增强消费者的注意力，收到事半功倍的效果。

四、消费者的记忆与消费心理活动过程

（一）记忆的含义

记忆是人脑对过去经历过的事物的反映。人们过去感知过的事物，思考过的问题，体验过的情感，都能以经验的形式在头脑中保存下来，并在一定条件下能够在脑中重现，这就是记忆过程。例如，某消费者受朋友之邀到一家餐饮店聚会，店里的个性化菜品和服务给她留下一个整体印象，一旦再有机会聚会，第一次的消费印象便会重现，这种重现出来的记忆可以指导人们重复消费，成为选择商品与品牌的依据。

（二）记忆的过程

记忆是一个复杂的心理过程，它从心理活动上将过去与现在联系起来，并再现过去经历过的事物，使人的心理成为一个连续发展的整体。它包括四个基本阶段。

1. 识记

识记是消费者为了获得客观事物的深刻印象而反复进行感知，从而使客观事物的印迹在头脑中保留下来的心理活动，是记忆的前提。在购买活动中，消费者运用视觉、听觉和触觉认识商品，并在头脑中建立商品之间的联系，留下商品的印迹，表现为消费者反复查看商品，多方了解商品信息，以加强对商品的印象。如消费者在选购家用电器时，光顾多家品牌的实体门店及网店，然后根据记忆进行比较和选择，这就是识记过程。

2. 保持

保持是记忆过的事物映象在头脑中留存和巩固的过程，使识记材料较长时间地保存在脑海中。如通过识记，消费者把各品牌家电的款式、颜色、规格、质地以及价格等因素及其决策意向储存在大脑中，这就是保持过程。

3. 回忆

回忆是过去经历过的事物不在面前，而把它的印象重新呈现出来。例如，消费者在确认购买家电产品时，为了进行比较，往往在脑海中重现曾在别处见过或自己使用过的同种商品的信息，这就是回忆过程。

4. 再认

再认是过去经历过的事物重新呈现在面前，感到熟悉并能确认它是过去经历过的。如消费者在市场上看到某种家电产品，能认出是曾使用过或在电视广告中见过的，似曾相识甚至很熟悉，这就是再认过程。

（三）记忆的分类

1. 根据记忆的内容不同分类

（1）形象记忆。是指把感知过的事物的形象作为内容的记忆。可以是视觉形象，也可以是听觉、嗅觉、味觉等形象。如很多儿童都愿意选择到肯德基就餐，但幼小的孩子不一定认识"KFC"，却一定认识"肯德基爷爷"，其间，形象记忆产生了影响。

记忆的种类

（2）逻辑记忆。是指通过语词表现出来的对事物的意义、性质、关系等方面内容的记忆，消费者对商品广告的记忆多属于这种记忆。如"脑白金"，它利用人们希望大脑保持年轻的美好愿望，给产品命名，使消费者迅速记忆。

（3）情绪记忆。是指把体验过的情绪和情感作为内容的记忆。如麦氏咖啡的广告语"滴滴香浓，意犹未尽"，显示了消费者饮用咖啡时难舍最后一滴的情感记忆。

【小资料】

双 11 前，京东的"情感营销"

2014 年双 11 临近，京东推出了一部以父爱亲情为主题的暖心微电影——《我和老爸》。

《我和老爸》

在经历了行业争霸之后，阿里淘宝系和京东腾讯系已坐稳电商第一梯队的江湖地位。与此同时，在"男人节""撒娇节"等电商节日的狂轰滥炸之下，消费者已日趋麻木、回归理性，不再对传统营销方式买单。在这样的市场大环境下，如何玩得更高级、更抓人心，是京东着重思考、尝试的。早在 2014 年年初京东就过了一把微电影的瘾，尝到了亲情牌的甜头，这一次更是"以父之名"，将情感营销更加深入地进行到底。

从酝酿开始，微电影《我和老爸》便承担着传播和强化品牌理念"为每一点喜悦（Make joy happen）"的任务，并肩负着加强品牌与用户情感联系，获得用户好感的使命。因此，以发生在父子之间的情感故事作为微电影主线，让喜悦在家庭生活中绽放，无疑将唤起用户的共鸣并博得好感。

对京东而言，《我和老爸》所承载的意义是巨大的。因此京东在影片创作环节上下足了功夫：为确保高水准的影片质量，力邀知名导演赵天宇携创作团队加盟，精挑细选符合电影调性的主题曲——许巍的《礼物》，更为微电影推广特制《礼物》新 MV，由许巍出镜畅谈与父亲的相处之道。

在微电影剧本的撰写之初，京东就已经有了周全的考量：《我和老爸》本身就饱含"代际矛盾""亲子关系""家庭情感""父子感恩"等一系列不论在网络还是现实生活中均能引起热议的话题。由此产生的话题"我和老爸"又富于感性和去广告化的特点。自然极易引发网民的共鸣和参与。

不仅如此，在媒体方面，除了选择微博、微信这样的主流社交媒介，京东还通过豆瓣电影、百度百科等平台建立标签，以增加信息触点，形成合围之势，为后续强劲的传播奠定了良好的基础。在传播内容方面，网络上广为传播的《我和老爸》相关对比组照、漫画等，也意味着京东为本次营销进行了充足的准备。

一组数据证明了《我和老爸》的成功：在微电影上线 7 天后，话题"我和老爸"位列微博综合热门话题排行榜第四，话题阅读量超过 2 亿，讨论人数超 10 万。衡量一部微电影优劣的另一个准绳是观众反响。影片上映后，观众纷纷发出诸如"跟爸爸交流得太少，真的该反省""看完好想回到爸爸身边"的感言，还有大批网友自发上传了与父亲的合影。这从侧面说明《我和老爸》微电影本身所具有的感染力：既引发观众群体的共鸣，又调动起受众参与话题的积极性。

在这一轮由《我和老爸》掀起的传播热潮中，京东收获的不仅是超高的关注度，更在浮躁的互联网上，通过传播"促进两代人和谐相处"的内容，传递出可贵的正能量。可以说，京东将整个电商的营销环境带动提升到一个新的档次，摆脱了以往的纯功利的价格比拼，将竞争提升到更为高级的情感比拼阶段：不仅要感动消费者，更让消费者在"爱"的名义下心甘情愿地选择京东。

【案例思考与应用】

1. 京东的《我和老爸》微电影营销是否成功？

2. 该电影对消费者的情绪记忆产生了哪些影响？

（4）运动记忆。是指把做过的运动或者是动作作为内容的记忆。如小米手机在产品的推广过程中，充分地利用了消费者的参与感，超过 60 万的"米粉"参与了小米 MIU 操作系统的设计和开发，加深了变成"主人"的米粉们的品牌记忆，奠定了小米在国产手机品牌中的地位。

2. 根据记忆保持时间长短的不同分类

（1）瞬时记忆。是指当刺激停止作用后，感觉并不立刻消失，在 0.25 ～ 2 秒的时间内仍保持着印象，又称感觉记忆。

（2）短时记忆。是指一次记忆后能保持 2 秒到 1 分钟以内的记忆。

（3）长时记忆。是指从1分钟以上直到许多年甚至终生保持的记忆。与短时记忆相比，长时记忆的能量非常大。其实，长时记忆是对短时记忆反复加工的结果。也就是说，对短时记忆进行重复，短时记忆就会成为长时记忆。

（四）记忆在市场营销活动中的作用

在市场营销过程中，记忆对于消费者购买活动起到深化和加速认识的作用，它在一定程度上决定着消费者的购买行为。

1. 充分利用记忆，影响消费者的购买决策

消费者通过反复地接触商品和广告宣传，自觉地利用记忆材料，对商品进行评价，全面准确地认识商品，并做出正确的购买决策。如某消费者欲购家庭汽车，而其又对汽车品牌知之甚少时，为了达到满意的购买选择，就会在网络上搜寻相关汽车品牌信息，并向拥有家庭汽车的亲朋好友和同事了解这一方面的知识，从中掌握有关家庭汽车的品牌、型号、功能、质量、价格及使用事项等方面的知识。期间，消费者会把这些知识和经验在大脑中进行记忆，待到购买时，就可以根据有关知识去选购中意的品牌。

2. 采用各种方法，增强消费者的有益记忆

消费者的购买行为是建立在有关知识和记忆基础上的。因此，如何加强消费者的记忆是市场营销人员应重点考虑的问题。可采用以下方法：①创造条件鼓励消费者参与各种营销活动，充分发挥运动记忆对消费者记忆效果的影响；②理解有助于记忆，营销活动应方便消费者理解记忆；③充分发挥情绪情感在营销活动中的积极作用，使消费者形成良好记忆形象；④营销信息适度重复，提高消费者的记忆效率；⑤寻找最佳商品信息传播时间和空间，产生最佳记忆效果。

对生产商和营销商来讲，在商品的造型、色彩、商标、命名、陈列、宣传等方面采取强化记忆的手段是十分必要的。如新颖的造型，鲜艳的色彩，简明易记的品牌、商标，形象生动的外部包装和广告宣传，都会给消费者留下深刻的印象，促进消费者的记忆过程。

五、消费者的思维与消费心理活动过程

（一）思维的含义

思维是通过分析、概括对客观事物的本质进行间接反映的过程。人们对客观事物的认识不会停留在感知和记忆的水平上，而总是利用已经感知和记忆的材料，进行分析、综合、抽象、概括等思考活动，把感性认识升华到理性认识阶段，从而获得对事物的本质和内在规律的认识。如人们可以利用过去的经验推算某种商品更新换代的速度和价格走势，以确定是现在购买还是以后购买。

思维和感知虽然都是人脑对客观现实的反映，但是两者却存在本质上的不同。感知是对客观现实的直接反映，反映客观现实的外部特征和外在联系；思维反映的是客观事物共同的本质的特征和内在联系，是更复杂、更高级的认识过程。思维和认识也是密不可分的，感知是思维的基础，正确的思维不能脱离客观事物，而且接近客观事实，才能使人更深刻、更正确地认识现实。感性认识的材料如不经过思维加工，就只能停留在对事物表面现象的认识上，不能认识客观事物的规律和本质。思维是人们认识问题并试图解决问题时的一种独立的心理活动。它以感觉和知觉提供的资料为基础，对客观现实的对象和现象进行概括的间接的反映，是人类认识的理性阶段。

（二）思维的分类

1. 根据思维活动的形式不同分类

（1）形象思维。是指利用直观形象对事物进行分析判断的思维。

（2）逻辑思维。是指利用概念、推理和理论知识来认识客观事物，达到对事物的本质特征和内在联系的认识的思维。

2. 根据思维的品质不同分类

（1）常规思维。是指利用已经获得的知识和经验，依照原来的模式所进行的思维。

（2）创造性思维。是指具有独特、变通、逆向、求异和创新特点的思维。

（三）思维在营销活动中的作用

消费者在选购商品时，常常借助有关商品信息，对商品进行分析、比较、判断等思维过程来决定是否购买。如消费者首先对冰箱有了感知，接着运用思维进行分析（把不同品牌的冰箱在性能、款式上进行区分）、综合（把各种特点、性能综合起来，认定每一品牌冰箱的优缺点）、比较（把各品牌冰箱的特点、性能区别开）、抽象（抽出共同属性，如冰箱的节电、方便、实用、耐用；舍弃非本质的属性如颜色等）、判断（评定冰箱的内在、外在质量）、推理（预测冰箱的使用效果以及获得的心理满足），从而确定某种品牌的冰箱为目标商品。所以销售人员在推销商品时，尤其是大件贵重商品时，必须让消费者对商品有充分的了解，要多种类展示，全面介绍，使消费者在充分了解以后，经过认真的思考，以确定购买哪种商品。

六、消费者的想象与消费心理活动过程

（一）想象的含义

想象是指人们在生活实践中，不仅能够感知和记忆客观事物，而且还能够在已有的知识经验基础上，在头脑中构成自己从未经历过的事物的新形象，或者根据别人口头语言或文字的描述形成相应事物的形象的过程。想象活动需具备三个条件：以过去个人感知过的经验作为依据；人脑的创造和加工；最终形成的新的形象。

消费者的想象往往会影响消费者的消费态度以及消费决策。如准备结婚的男女在家居市场选购家居时，头脑中往往都会产生一种身居其中的想象，感受其是否美观、实用、新颖、舒适、与室内设计是否协调等，并由此决定是否购买。

（二）想象的分类

根据新形象的形成有无目的性，可以把想象分为无意想象和有意想象。

1. 无意想象

无意想象也称不随意想象，是人们没有预定目的、不由自主地引起的想象。如消费者逛床上用品超市时，看到那些漂亮的床上用品的摆设，则会停下脚步，在床上坐一坐，其实并非为了休息，实质上是产生一种无意想象。

2. 有意想象

有意想象也称随意想象，是人们有预定目的、自觉进行的想象。根据有意想象的新颖性、独特性和创造性的不同，又可分为再造性想象和创造性想象。

（1）再造性想象。再造性想象是指根据词语的描述或非语言（图样、图解、符号等）的描绘，在头脑中产生有关事物新形象的过程。再造性想象中形成的新形象的新颖性、独立性、创造性成分比较小，但差异较大，因为人们的经验、兴趣、爱好和能力不同，再造的形象也就不会相同。

（2）创造性想象。创造性想象是指不依据现成描述而独立地创造出新形象的想象过程。在创造新产品、新技术、新作品时，人脑所构成的新事物的形象都是创造性想象。它的特点是新颖、独创、奇特。创造性想象在人的实际创造活动中是非常重要的，它是一切创造性活动的必要组成部分。

（三）想象在营销活动中的作用

（1）消费者在形成购买意识、选择商品、评价商品过程中都有想象参加。通过想象，消费者能够深入认识商品的实用价值、欣赏价值和社会价值，激发购买的欲望。如消费者欲购买一台空调，会想象拥有它能给家庭带来四季如春的感受，同时还起到美化家居的作用。

（2）想象能提高消费者购买活动的自觉性和目的性，对引起情绪过程，完成意志过程起着重要的推动作用。

（3）运用想象，利用独具特色的商品广告、商品包装、商品陈列，吸引消费者的注意力，促使其产生有益的想象。

（4）对于营销企业来说，营销人员应具备一定的想象力。优秀的营销人员能够利用想象帮消费者寻找最合适的商品，同时又利用自己的创造性想象设计出满足消费者心理需求的商品广告、商品包装以及商品陈列，扩大消费者的想象空间。

第二节　消费者的情感过程

消费者的消费活动过程，实际上是充满情感体验的活动过程。情感过程是人对事物的一种好恶倾向，主要通过人的神态、面部表情、语言声调和行动变化表现出来。

一、消费者情感过程的含义

消费者对于客观事物是否符合自己的需要而产生的一种主观体验，就是消费者的情感过程。消费者的情感过程包括情绪和情感两个方面。

情绪是指短时间内的与生理需要相联系的一种体验，一般带有情景性、不稳定性和冲动性。如喜欢、气愤、忧愁等情绪形式。当人的情绪失控时，往往会产生一些非理性的行为。

情感是长时间内与人的社会性需要（社交的需要、精神文化生活的需要等）相联系的稳定的、持久的体验，具有较强的深刻性、长期性和稳定性。情感相对来说比较稳定，冲动性少，情感是在情绪的基础上产生的更高级的心理体验。如道德感、荣誉感、集体感、理智感、美感等。

情绪与情感是两个既有区别又有联系的概念，难以截然分开。一方面，消费者情绪的各种变化一般都受已形成的情感所制约；另一方面，个人的情感又总是体现在他的情绪之中。在日常生活中，人们对情绪和情感并不做严格区分。情绪一般有较明显的外部表现，持续的时间短。情感的外在表现很不明显，持续的时间相对较长。

情绪情感的主要类型

二、情绪、情感的类型

（一）情绪的类型

1. 心境

心境是人们在长时间内保持的一种比较微弱而平静的情感状态。如心情舒畅或郁郁寡欢。心境的好坏，对于消费行为具有很重要的影响。良好的心境能使消费者发挥主动性和积极性，容易引起对商品的美好想象，容易导致购买行为。而不良的心境则会使消费者心灰意懒，抑制购买欲望，阻碍购买行为。

2. 热情

热情是一种强有力的、稳定而深刻的情感。如对祖国、人民深厚的爱，对事业的执着等，都是热情的表现。消费者的热情总是有一定的基本方向和目标的，为了达到目标乐意做出努力和奋斗。如一个热爱音乐的人，为了达到购买钢琴的目的，省吃俭用，最终如愿以偿。许多消费者就是在这种热情的推动下购买了某种商品。

3. 激情

激情是人们在一定场合爆发出来的强烈情绪。一般维持时间较短。如狂喜、暴怒、绝望等都属于这种情绪状态。激情的出现将对消费者的行为造成巨大影响，甚至改变消费者的理智状态，使理智变得模糊而难以控制。因此，企业和营销人员要尽可能地避免对消费者的强烈的不良刺激，尽量削弱消费者的对抗情绪，引导消费者产生积极的购买热情，愉快地购买，争取营销活动的成功。

> **【小资料】**
> ### 麦当劳广告太煽情惹怒家长 演变为公关灾难
> 英国麦当劳 2017 年 5 月 12 日为其 Filet-O-Fish 三明治推出了一则名为"Dd"的电视广告，由李奥贝纳广告公司英国分公司制作，但结果却不尽如人意。英国广告标准局不到一周就收到了 100 多次投诉，麦当劳不得不出面道歉并撤下该广告。
> 广告一开始，是一段温情故事。男孩从杂物箱翻出一只属于亡父的旧手表，他走到客厅问母亲：父亲生前是怎样的人？母亲便带着他走到公园、足球场这些充满回忆的场所。母亲一边和儿子散步一边讲述：父亲有一对棕色的眼睛，外表整洁，踢足球相当厉害，也很受女孩欢迎。但儿子觉得自己外表普通，不会踢球，一点也不像父亲，非常沮丧。直到母子俩到麦当劳用餐，儿子点了一份 Filet-O-Fish 三明治，准备一口咬下去时，母亲一边吃薯条，一边淡淡地说："这也是你父亲的最爱。"

这则广告由李奥贝纳广告公司制作，原定播放七个星期。但在广告播出后，英国广告标准局和麦当劳都接到了很多投诉。除此之外，丧亲慈善组织负责人表示，接到无数家长的来电求助，说孩子看到这则广告后，想起去世的亲人而心情低落。组织创办人吉尔伯特表示，麦当劳尝试用煽情手法打广告，但做法很不成功。来自伦敦的37岁妇女福克斯说，7岁的儿子看了广告后情绪混乱又低落："他问我电视中的男孩为什么伤心，还有他要怎么才能开心起来？"她斥责"丧父之痛"是公司用来谋利的手段，非常不道德。

麦当劳发言人就该事件道歉："我们对于广告构成任何不快致歉，这绝对不是我们的本意。我们只想突出麦当劳在日常生活中所扮演的角色，在开心和难过的时候都一直陪伴顾客左右。"

【案例思考与应用】

查阅资料，哪些企业的产品广告也曾在无意中伤害了消费者的情感？

4. 应激

应激是出乎意料的紧张情况所引起的情绪状态。一般来说应激会使营销人员因手忙脚乱而不利于工作，但有时也会因工作节奏加快而提高工作效率。当营业现场拥挤混乱或与情绪不佳的顾客打交道时，营销人员必须在这些困难条件下实现顺利销售，此时会出现应激状态。同时消费者在消费过程中由于外界的原因也会产生应激状态，营销人员需进行适当的疏导，尽量减少尴尬局面的发生。

5. 挫折

挫折是指人在实现目的的过程中遇到障碍，但又无法排除、克服的心理状态。其典型表现有沮丧、怨恨、消沉等。挫折有时表现为对自己，有时表现为迁怒别人。如个别顾客在商店里买不到紧俏商品或要求优惠得不到满足时，对营业员发脾气、宣泄怨气。

（二）情感的类型

1. 道德感

道德感是根据一定的道德标准去评价人的思想、意图和言行时产生的情感体验。如对大公无私的行为产生敬佩之情；对损人利己行为产生愤怒、蔑视之情等，都属于道德感。营销企业及营销人员应进行严格的职业道德培训，不能通过有失职业道德的手段牟取非法利益。

2. 理智感

理智感是人的求知欲望是否得到满足而产生的高级情感，是在人的智力活动过程中产生的体验。如中年消费者和青年消费者相比较，消费行为明显表现为理智，追求商品的实用性，对商品效用和成本之间的关系密切关注，家庭消费有一定的目的性和计划性。

3. 美感

美感是人们根据自己的审美标准对自然或社会现象及其在艺术上的表现予以评价时产生的情感体验。如人们对浩瀚的大海、蔚蓝的天空、秀美的田园、名胜古迹等表示的赞美、喜爱等都是美感的表现。爱美之心人皆有之。但每个消费者的审美标准都存在一定的差异，营销企业应根据消费者对美的不同要求进行不同的产品设计，满足不同的心理情感需求。

三、情绪、情感在营销活动中的作用

情绪与情感对于消费行为的作用有积极的一面，也有消极的一面。人的情绪本身包含了两种极性，即愉快与不愉快，喜欢与不喜欢等。愉快的情绪下，消费者对商品所持有的喜欢的态度，都会对消费行为产生积极的作用，推动消费行为的进行，愉快的情绪还会增加消费者的勇气，克服购买行为中可能出现的各种困难。而不愉快的情绪和不喜欢的情绪体验，只能对消费行为起消极的作用。如不愉快的情绪来源于商品，消费者会拒绝购买这种商品；来源于购物场所，消费者会尽快离开这种购物场所；来源于营业人员，有的顾客会尽量躲避令他讨厌的营业员，还有的顾客可能会因为激发不良情绪而同营业员发生矛盾和冲突。例如，2017 年 4 月，美联航因将一名不愿意下机的华裔乘客强行拖走，一位乘客拍下片段并上传至互联网，引发了全球舆论关注。中美社交媒体上出现声讨美联航的热潮，不少网友或分享自己乘坐美联航的负面体验，或宣布以后绝不乘坐美联航飞机。美联航股票下跌，3 日内逾 96 亿美元市值蒸发，品牌信誉和价值遭遇重大危机。

消费者在购物场所中，一般表现出一些情绪性的反应，而消费者在长期的购物过程又会形成一些稳定的情感体验，这些情感体验以及相应的态度必然要带到每一次购物行为中去。商场和营业人员应从两个方面来处理顾客的情绪情感问题，一是要尽量创造出舒适的购物环境，以优良的服务质量和热情态度来接待每一位消费者，尽量为每一位消费者营造愉快的心情；二是要在消费者心目中树立企业的良好形象，使消费者能够长久地对该企业持有良好的情感。

【小资料】

好日子离不开她——金六福酒

金六福酒业销售有限公司诞生于1996年，现已发展成为中国优秀的白酒生产和销售企业之一。金六福酒以其上乘的酒质、新颖的包装和深厚的文化底蕴，深受消费者的青睐，畅销海内外，被誉为"中国人的福酒"。

"金六福"从中国传统福文化的字符，挖掘出"祝福、吉祥、美满"，将"金六福"与消费者联系起来。它聚焦于人类本性中最富情感煽动力和最充满情感向心力的"幸福、吉祥、美满"，并着眼于超越物质满足、体验情感圆满的追求和愿景，通过富有情感煽动力的传播方式和传播渠道（如：结伴奥运、连接世界杯、赞助中国奥委会；独特的情感诉求，从最初的"好日子离不开她——金六福酒""喝金六福酒，运气就是这么好""中国人的福酒""幸福团圆，金六福久"，到后来的"奥运福、金六福"等），将这种幸福的情感传递给广大消费者。这触动人类情感深处的"幸福琴弦"，驱动越来越多的消费者情不自禁购买"金六福"品牌的产品，由此获得了真正的成功！

金六福是一个富有情感号召力的品牌，它深度挖掘出的"福文化"，代表了越来越多的消费者的心理需求。同时它花费大量的精力去深刻体会消费者对"福文化"的认识和接受，并通过产品创新、服务创新和传播创新，最大限度满足消费者对"福文化"的需求，最终以"中国人的福酒"，从中国数以万计的白酒品牌中脱颖而出，一举成为中国白酒领先品牌。

【案例思考与应用】

查阅资料，思考金六福酒如何围绕"福"字塑造产品形象？

【头脑风暴及应用】

你是否有过冲动性购物的经历？主要原因是什么？

第三节 消费者的意志过程

消费者经历了认识过程和情感过程之后，是否采取购买行动，还有赖于消费者心理活动的意志过程来确定购买目的，并排除各种主观因素的影响，采取行动，实现购买目的。

消费者的意志过程

一、消费者意志过程的含义

消费者意志过程就是消费者在购买活动中有目的地、自觉地支配和调节自己的行动，克服各种困难，实现既定的购买目标的心理过程。

二、消费者意志过程的基本特征

在消费者意志过程中，包含以下三个基本特征。

（一）有明确的购买目的

消费者的意志是在有目的的行动中表现出来的，这个目的是自觉的、有意识、有计划的。如小学生每天将父母给的零花钱积攒起来的目的是购买一个刚上市的玩偶；而很多大学生省吃俭用则是为了购买盼望已久的时尚手机或品牌服饰。这些购买行为预先有明确的购买目的，并有计划地根据购买目的去支配和调节自己的购买行动，以期实现购买目的。

（二）克服困难的过程

消费者的意志行动是有明确的目的的，而目的的确定和实现往往会遇到种种困难。克服困难的过程就是消费者的意志行动过程。如消费者在挑选商品时，面对几种自己都喜爱的商品，或遇到较高档的商品，但经济条件又不允许，或者自己对商品的内在质量难以判断时，就会导致购买信心不足，考虑重新物色购买目标，或者克服经济上的困难，去实现自己的购买目的。

（三）调节购买行为的过程

意志对行为的调节，包括发动行为和制止行为两方面。前者表现为激发起消费者情绪，推动消费者为达到既定目的而采取一系列的行动；后者则抑制消极的情绪，制止与达到既定目的相矛盾的行动。两个方面统一作用，使消费者得以控制购买行为的发生、发展和结束的全过程。

三、消费者的意志过程阶段

意志行动的心理过程是一个极其复杂的过程。当消费者购买商品时，其意志行动的心理过程包括以下三个阶段。

（一）采取决定阶段

采取决定阶段是意志行动的开始阶段，决定着意志行动的方向和行动计划。它包括购买目标的确定、购买动机的取舍、购买方式的选择和购买计划的制订等一系列购前准备工作。消费者从自身需求出发，根据自己的支付能力和商品供应情况，分清需要的主次、轻重、缓急，做出购买决定，即是否购买以及购买的顺序。例如：购物时间的确定，购买场所的选择，经济开支的数额，所需物品购买顺序，等等，这些都需要在意志行动的参与下进行。

（二）执行决定阶段

执行决定阶段是消费者意志过程的完成阶段，是根据既定的购买目的购买商品，实现现实的购买行动的过程。在执行过程中，仍然有可能遇到种种困难和障碍。所以，执行购买决定是真正表现意志的中心环节，它不仅要求消费者克服自身的困难，还要排除外部的障碍，为实现购买目的，付出一定的意志努力。

（三）购后感受阶段

购后感受阶段是指消费者购买商品后，在消费过程中的自我感觉和社会评价的过程。它表现在通过对已购商品的使用及旁人的评价来反省检验自己的购物行为是否明智，所购商品是否理想，并因此考虑是否重复或扩大购物，是鼓动别人还是劝阻别人购物。因此，在销售活动中，要重视消费者的购后感受，随时调整自己的销售策略，做好售后服务工作，使消费者满意并产生信任感。

四、意志在营销活动中的作用

在现实生活中，意志品质对消费者的行为方式具有重要作用。如在决定购买阶段，有时会发生激烈的思想冲突，主要表现在当消费者购买那些有异于传统观念、习惯，具有强烈时代感的商品时，常要承担很大的风险，即购买这种商品是否会遭到别人的非议。能否冲破传统观念的束缚和社会舆论的压力，常常取决于消费者的勇气和意志，而这与消费者自己的意志品质有直接关系。又如，意志果断的消费者，往往能抓住时机，及时做出购买决策；而缺乏意志果断性的消费者则优柔寡断，缺乏主见，坐失良机。

➤ **知识练习与思考**

    1.什么是感觉？什么是知觉？感觉与知觉之间的区别和联系是什么？

    2.什么是注意？注意的分类有哪些？如何发挥注意在市场营销中的作用？

    3.什么是情感？举例说明情感对消费者购买心理活动的影响。

    4.什么是意志？消费者意志过程的三个阶段是什么？

➤ **案例分析与应用**

找准消费者的感觉

    同样的产品，在不同的国度，在不同的文化中，有不同的象征意义。因此，任何一个产品，在中国市场上，在中国的不同的区域市场上，对消费者到底意味着什么，消费者购买它到底是为什么，消费者购买这种产品的感觉是什么变得极为重要。这好似中医的号脉，大家知道中医最重要的是号脉，如果脉没有号准，相当于洞察消费者的方向走偏了，那么你做多少市场调查，做多少数据堆砌和理性分析，都有可能失败。

    这里所说的"感觉"，并非表面化的浅层的认知，而是对消费者为何购买的深层求解，是对消费行为的真正洞察。找准一个产品在消费者心中的感觉，是做市场最重要的事情，也是最难做到的事情。

    以国产手机为例，从零市场到占据手机市场的半壁江山，靠的是找准了感觉。手机在国际市场上的功用是通信，开始的产品都是黑的方块形，而现在，智能手机是时尚产品。

    为什么诺基亚、摩托罗拉和爱立信会失掉机会，因为跨国公司在回答"手机在中国意味着什么"这个问题时得分不高，所以失利了。手机意味着跨国公司没有想到的、与西方不同的意义。国际品牌也花了很多钱做市场研究，例如摩托罗拉曾确定中国手机4个细分市场，就是中国人购买手机的4种原因（科技追求型、时间管理型、形象追求型和个人交往型）。没有别的原因了吗？最重要的原因恰恰被市场研究漏掉了。事实是，跨国公司早期的手机，通常不太愿意改变自己的款式，要卖一年半甚至两年，把钱赚够以后，才换一个款式。跨国公司早期的手机都是黑色，而国产手机则颜色十分鲜艳并且款式多样。又如短信息市场在中国非常火爆，起初跨国公司的手机只设置20条短信存储，因为他们不明白中国人会如此喜欢手机短信息通信（据报道，2003年短信息收发量，中国手机持有者年人均为1000多条，而美国人仅为100多条），国产手机则开始就设置为200条。又如，诺基亚把一款在欧洲销售冠军的手机，非常自信地搬到中国市场，结果销售成绩并不好，因为这款手机的主要卖点是电池寿命长，而其外形并没有吸引中国消费者。跨国手机品牌没有想到，解码中国手机市场关键在于，中国的消费者把手机看成是时尚产品。

    对手机的追求，中国人是"中（重）看"，欧洲人、加拿大人和美国人是"中（重）用"。这是因为消费者的需求不一样，西方人下班以后很少使用手机，中国情况却大不相同，我们的手机很多时候承担着社交的功能，因此，在中国消费者心目中，手机"中看"也是非常重要的。

抓准中国消费者的心理把手机看成承担重要社交功能的产品，中国的厂商便有了竞争的希望，这也是中国消费者真正的感觉。中国的厂商，利用时尚的外形、个性化的社交功能如拍照、音乐等，迎合消费者的需求，以巧补弱取得成功。西门子公司中国总裁曾说，我在中国市场上做手机，花了 10 年的时间才学到一句话：在中国卖手机就是卖时尚。

（资料来源：作者根据相关信息整理）

问题讨论：

（1）案例中所说的消费者的感觉指什么？

（2）为什么说在中国手机变成社交型的产品？你购买手机时主要侧重于哪些方面？

➤ **项目实训**

近几年，很多新开的餐饮企业已经不再喜欢使用红色作为主题色，都逐步开始新的形象升级。以火锅店为例，从呷哺呷哺、海底捞到小肥羊，都变得越来越没有烟火气。呷哺呷哺的新创品牌凑凑创造了一个具有设计感的中式风格；海底捞门店形象转型以绿色为主打色；小肥羊主打米黄色系，配以 360° 草原风光 LED 灯和壁画《元祖狩猎图》。

以你所在城市的某一餐饮企业（中餐店、西餐店、咖啡馆、快餐店等）为调研对象，展开一次现场调研，并根据以下所提出的问题，撰写调研报告。

（1）餐饮企业名称。

（2）该餐饮企业采用了哪些营销手段，影响了消费者的感觉、知觉、注意、记忆、想象等认识过程？

（3）该餐饮企业通过哪些营销手段，与消费者达成了良好的沟通，影响了消费者的情感过程？

第三章
消费者的个性心理特征和个性倾向

➤ **导入案例**

王青是小丹的大学同学，也是同寝室好友。得知王青来上海出差，小丹喜出望外。毕业之后她们有好几年没有见面了。两人约定在酒吧见面，因为是白天，酒吧里人不多，比较安静。当服务员问她们要什么饮料时，王青和往常一样要了一罐啤酒。她性格外向活泼，朋友很多，平时常和朋友一起去酒吧或打网球。小丹要了一杯果汁，她很少喝酒，也很少来这样的地方。她一向很文静，生活圈子很小，最喜欢看书、看电影和听音乐，有空的时候会待在家里边看书边听音乐，或看视频。她觉得这样的生活简单而快乐。

【思考】

1. 小丹和王青具有截然不同的性格、兴趣爱好，这对她们选择饮料有什么影响？

2. 消费者之间的个性差异，对每个人的心理过程和生活方式有什么影响？

个性又称个性心理，是指一个人在一定社会条件下形成的、具有一定倾向的、比较稳定的心理特征的总和，即相对持久的个人素质，包括个人的兴趣、爱好、理想、能力、气质、性格等方面。个性心理作为整体结构，可划分为既相互联系又有区别的两个系统，即个性倾向性（动力结构）和个性心理特征（特征结构）。个性倾向性是个性中的动力结构，是个性结构中最活跃的因素，是决定社会个体发展方向的潜在力量，是人们进行活动的基本动力，也是个性结构中的核心因素。它主要包括需要、动机、兴趣、理想、信念与世界观、自我意识等心理成分。个性心理特征是个性中的特征结构，是个体心理差异性的集中表征，它表明一个人的典型心理活动和行为，包括能力、气质和性格。个性倾向性和个性心理特征相互联系、相互制约，从而构成一个有机的整体。

个性及其特征

第一节　消费者的气质

消费者的气质与消费行为

一、气质的含义

气质是指一个人在心理活动和行为方式上表现出的强度、速度、稳定性和灵活性等动态方面的心理特点。气质是在先天生理素质的基础上，通过实践，在后天条件影响下形成的。简单来说，气质是心理活动动力的全部特征。

> **【知识窗】**
>
> ### 此气质非彼气质
>
> 心理学所说的气质和日常生活中人们所说的气质含义并不完全一样。日常人们所说的气质，常常指一个人的风格、风度或某种素养上所具有的特点；而心理学的气质是指个体心理活动的动力特征，比如兴奋与抑制相互转换速度的快慢及力量对比是否平衡、知觉快慢、思维是否灵活、对事物注意时间长短等，由于人们的气质不同，在上述的表现中就会有一定的差异。因此，前者侧重人的后天养成，后者侧重人的遗传因素。

现代心理学认为气质是与生俱来的、典型的、稳定的心理特征，这些动力的特点包括人的活动速度、强度、持久性、灵活性和倾向性等行为及心理活动的全部动力特征。这些动力特征基本内涵如表3-1所示。

表 3-1　气质的内涵

气质组成	概　念	例　子
速度	指人的心理活动的快与慢	有东西从高处滑落，有人快速接住，有的人没能做到
强度	指人的心理活动强弱，比如人的情感有强与弱之别，意志的紧张和努力程度有区别	有人遭遇悲伤的事情号啕大哭；有的人却只流下两行眼泪；有的人可以气愤至暴跳如雷，有人却不会
持久性	指人的注意力持续长久或短暂，情绪起伏变化的程度	遇见高兴的事情，甲大笑了一天，不能停止，乙早忘记了这件事

气质组成	概　念	例　子
倾向性	指人的心理活动是倾向于外部事物还是内心世界，有内倾型和外倾型的区别	想买一件衣服，甲不断与别人交流意见，而乙却一个人思量，并愿意自己做主
灵活性	指人的言语、动作、思维敏捷的程度有所不同，应变能力有强有弱等	面对一个大型的考试，甲吃睡不误，而乙却寝食难安
平衡性	指人自我调控的能力差异	甲很快从悲伤和快乐中回到现实，而乙却沉浸其中，不能忘怀

人的气质是与生俱来的，受遗传因素的影响大，并且气质是各种动力特征的组合，它使人的全部活动染上了独特的色彩，在从事内容相同的活动时，气质不同的人也会显示出不同的特征。

二、气质类型及特点

人的气质是有明显差异的，这些差异属于气质类型的差异。气质类型是指人的气质的不同类型，主要包括以下四类。

1. 胆汁质类型

属于兴奋型。个性心理多表现为情绪兴奋性高，反应速度快，直率热情，精力旺盛，办事干练果断，富有挑战精神但自我控制能力差，冲动好斗，脾气暴躁，心理变化剧烈。

2. 多血质类型

属于活泼型。个性心理表现为情绪兴奋性高，活泼好动，动作敏捷，反应速度快而灵活，外部表露明显，喜欢与人交往，乐观开朗，兴趣广泛但不持久，注意力易转移，情感丰富但不够深刻稳定。

3. 黏液质类型

属于安静型。个性心理表现为情绪兴奋性低，外部表现少，反应速度慢，沉静安详，少言寡语，动作迟缓，善于克制忍耐，情绪不外露，凡事"一慢二看三通过"，做事认真踏实，慎重细致但不够灵活，惰性较强，易固执己见。

4. 抑郁质类型

属于抑制型。个性心理特征表现为情绪兴奋性低，反应速度慢而不灵活，具有刻板性，敏感细腻，孤僻寡欢，对事物反应较强，情感体验深刻，但很少外露。

每一种气质类型有其独特的活动特征，如表3-2所示。

表 3-2　气质类型与动力特征的对应

气质类型	气质特点						动力特征
	速度	强度	平衡性	灵活性	持久性	倾向性	
胆汁质	快	强	不平衡	较灵活	不持久	外	情绪活跃、迅速坚决、富于表情、果断、自制力强、平衡性差、持久性差
多血质	快	强	平衡	灵活	较持久	外	活泼好动、反应迅速、敏捷、喜交往、兴趣广泛、稳定性差、缺乏耐心
黏液质	慢	弱	平衡	不灵活	持久	不确定	性格沉静、持久力强、善于忍耐、态度持重、动作缓慢、不够灵活
抑郁质	慢	弱	不平衡	不灵活	不确定	内	体验深刻、考虑周详、情感丰富、敏感、性情脆弱、不善交际、优柔寡断

三、消费者购买行为中的气质表现

从消费者气质类型上看，由于气质类型不同，他们的消费行为表现出特有的活动方式和表达方式。

胆汁质类型消费者的情绪变化多，面部表情丰富，如果购物时需要等待或营业员急慢，会产生极其烦躁的情绪甚至激烈的反应。营业人员在提供服务时要头脑冷静、充满自信、动作快速准确、语言简洁明了、态度和蔼可亲，使顾客感到营业员急他所急，想他所想，全心全意地为他服务。

多血质类型消费者对广告、营销人员等外界刺激反应灵敏，接受得也快，对购物环境及周围人物适应能力强，但情绪容易受外界感染，也往往随环境的改变而改变自己的观点。营业人员在提供服务时要热情周到，尽可能为顾客提供多种信息，为顾客当好参谋。

黏液质类型消费者的情绪稳定，心理状态极少通过外部表情表现出来，善于控制自己，自信心比较强，不易受广告宣传、商品包装以及他人的意见干扰，喜欢通过自己的观察、比较做出决定，对自己喜爱和熟悉的商品会产生连续购买行为。营业人员在提供服务时要注意掌握"火候"，过于热情会影响顾客观察商品的情绪，也不要过早阐述自己的意见，应尽可能让顾客自己了解商品，选择商品，并注意提供贴心的服务。

抑郁质类型消费者的情绪变化缓慢，观察商品仔细认真，而且体验深刻，往往能发现商品的细微之处，购买行为拘谨，态度唯诺，不愿与他人沟通，决策过程缓慢多疑，害怕上当受骗。营业人员在提供服务时要耐心、细致、体贴、周到，能够熟知商品的性能、特点，及时、正确地回答各种提问，增强顾客购物的信心，从而促使购买行为的实现。

【知识窗】

如果你去商场退换商品，商场不予退换，你该怎么办

小王是某大型商场的售后服务人员，主要负责商品的退换工作，经过长期的观察，他发现，来退货的消费者在被拒绝时，往往有以下四种不同的表现。

（1）耐心诉说型。这类消费者会尽自己最大的努力，苦口婆心地慢慢解释退换商品的原因，直至诉求得到解决。

（2）自认倒霉型。这类消费者往往认为向商家申诉也没用，商品质量不好也不是商场生产的，吃一堑，长一智。

（3）灵活变通型。这类消费者往往与其他商场管理人员沟通，甚至找主管或值班经理申诉，只要有一个人同意退货就可能解决。

（4）据理力争型。这类消费者绝不放弃，会与商场人员讲道理，解决不了就向媒体曝光，再不解决就向工商行政管理局或消费者协会投诉。

以上几种不同表现，实质上就是消费者不同的气质类型所决定的消费者消费行为的不同外部表现。

四、对不同气质消费者的销售策略

不同的气质类型，使消费者的购物行为表现出不同的特征。营销人员应根据气质类型的不同表现，分析、判断其心理活动和行为表现，提供有针对性的服务，促使其做出购买决策。

1. 胆汁质型消费者

接待胆汁质型的消费者，营销人员动作要快捷、要有耐心、应答要及时。可适当向他们介绍商品的有关性能，以引起他们的注意和兴趣。另外，还要注意语言友好，不要刺激对方。

2. 多血质型消费者

接待多血质型的消费者，营销人员一是要主动介绍，与之交谈，注意与他们联络感情，以促使其购买；二是要给以指引，使他们专注于商品，缩短购买过程。

3. 黏液质型消费者

接待黏液质型的消费者，营销人员要避免过多的提示和过分的热情，否则容易引起他们的反感；要允许他们有认真思考和挑选商品的时间，接待时更要有耐心。

4. 抑郁质型消费者

接待抑郁质型的消费者，营销人员要注意态度和蔼、要有耐心；对他们做有关商品的介绍，以消除其疑虑，促使其购买；对他们态度的反复，应予以理解；同时务必注意说话的方式，避免引起他们的误解而拒绝购买。

【应用举例】

这样做更有效

对胆汁质型消费者，一些科学的"激将"方法也会产生不错的效果。向消费者直接说"你买不起吧"之类的话，既不符合推销人员的销售行为要求，也伤害了消费者的心理，会产生很坏的效果，如果非常体贴地说"我们还是换一个吧，这个太贵了"，这种刺激方式对胆汁质型消费者是非常可行的。

➤ **知识连接**

扫二维码进行气质测试。

气质测试

第二节　消费者的性格

一、性格的含义

性格是指一个人对现实的稳定态度和习惯化了的行为方式中所表现出来的个性心理特征。性格是一个人本质属性的总和，表现在人对现实的态度、语言和行为方式中。例如，日常生活中，有的人谦虚谨慎；有的人狂妄自大；有的人热情洋溢；有的人乐于助人；有的人神情冷漠等。

性格和气质相互渗透、彼此制约，主要表现为：①气质能影响性格的形成和表现方式，使性格带有明显的个性特征；②性格对气质也有深刻的影响，在一定程度上能掩盖和改造气质，使气质的消极因素得到抑制，积极因素得到发挥。

性格和气质之间又有明显的区别：①气质是先天因素形成的，主要受高级神经系统的影响，表现为人的情绪或活动的动力特征，具有牢固性和稳定性，变化较缓慢，没有好坏之分。②性格主要是后天养成的，更多地受社会生活和实践的影响，是个性心理特征的核心，具有相对稳定性和较强的可塑性，能够改造，有明显的好坏之分。

【知识窗】

影响性格形成的因素

1. 遗传因素的影响

遗传因素是性格形成的前提和条件，神经系统、内分泌系统的结构和功能的不同影响到一个人的性格。生理心理学的研究表明：甲状腺功能低下的人，活动迟缓，自主神经系统中的交感神经系统相对占优势的人，就会兴奋、活动过多，更容易形成多动的性格。

2. 家庭环境的影响

家庭是最早向儿童传播心理理论的场所，父母对子女的教育所起的示范作用，对子女性格的形成有重大影响。根据现代心理学的研究，家长的教育方式会在一定的程度上决定孩子的性格形成。比如：如果父母的教育方式是比较专制和严厉的，孩子则容易形成跟随、依赖等性格特点；父母比较溺爱的话，那么儿童则容易形成自私、无礼、任性、缺乏独立性等性格特征。

3. 学校教育的影响

学校教育、教师对学生的态度，也影响着学生性格的形成。言传身教，使学生得到相关的教育理念。

4. 社会文化、风俗习惯的影响

人们生活在一定的社会氛围中，一定的社会风貌、文化观念、风俗习惯，会对人的性格形成产生一定的影响。比如，东方人的性格比西方人更加内敛、含蓄等，这从一定意义上讲，和一个人所处的社会环境和文化传统有一定关系。

二、消费者性格的主要类型及购买行为表现

1. 按心理活动的机能分类

（1）理智型。理智型性格的消费者通常理智地看待事物，并以理智支配自己的行为。在购买时喜欢周密地思考，用理智的尺度详细地权衡商品的各种利弊因素，在未对商品各方面充分了解之前，不轻易购买。购买时间相对较长，挑选商品非常仔细。

性格与消费行为

（2）情绪型。情绪型性格的消费者通常情绪体验深刻，言行举止易受情绪左右，易感情用事。在购买活动中，情绪反应比较强烈，容易受购物现场的各种因素的影响，对店堂布置商品广告、商品陈列及营销人员的服务态度和方式比较看重，购买具有一定的冲动性。

（3）意志型。意志型性格的消费者一般具有明确的行动目标，行为积极主动且自制，坚定而持久。在购买活动中，购买决定很少受购物环境影响，即使遇到困难也会坚定购买决策，购买行为果断迅速。

2. 按心理活动的指向分类

（1）外向型。外向型性格的消费者对外界事物比较关心，感情外露，活泼开朗，当机立断，独立性强，待人接物随和，不拘小节，善于交际，勇于进取，容易适应环境的变化，但有轻率的一面。在购买过程中，热情活泼，喜欢与营销人员交换意见，主动询问有关商品各方面的问题，易受商品广告的感染，言语、动作、表情外露，购买决定较果断。

（2）内向型。内向型性格的消费者一般表现为对外界事物反应较缓慢，感情深沉，处事深思熟虑，沉静孤僻，缺乏决断能力，但一旦下定决心则会锲而不舍，交际面窄，适应环境不够灵活。在购买活动中沉默寡言，动作反应缓慢，面部表情变化不大，内心活动丰富而不露声色，不善于与营销人员交谈，挑选商品时不希望他人帮助，对商品广告冷淡，常凭自己的经验购买。

3. 按个体行为的独立性分类

（1）独立型。独立型的消费者，独立性强，不易受外界的干扰，善于独立发现问题，能发挥自己的力量，甚至将自己的见解强加于人。在购买活动中，能独立地挑选商品，并迅速做出购买决策。购买经验丰富，不易受商品广告和营销人员商品介绍的影响。

（2）顺从型。顺从型的消费者，依赖性强，独立性差，容易接受别人的意见，缺少自己的主张，意外情况下常表现得不知所措。在购买活动中，常常注意其他消费者对商品的购买态度和购买方式，会主动听取营销人员的商品分析和其他人的购买意见，从众心理比较明显。

【思考与讨论】

　　仔细分析自己的性格特点，并客观评价其中的优缺点。

三、对不同性格表现消费者的销售策略

为了使消费者轻松愉悦地购物，营销人员必须根据消费者的不同性格表现，采取合适的行之有效的销售策略。具体来说，大致有以下五个方面。

（1）对待选购商品速度快和速度慢的消费者的策略。对待选购商品速度快的消费者，营销人员对他们没有经过充分思考匆忙做出的购买决定应持谨慎态度，要及时提醒他们仔细挑选商品，防止他们因后悔而退货；对待选购商品速度慢的消费者，营销人员要有足够的耐心，不能因为消费者选购商品的时间长而急躁，并露出不耐烦的表情。

（2）对待言谈多和寡的消费者的策略。对言谈多的消费者，营销人员的接待要稳重，掌握分寸，多用纯业务性的语言，态度要热情；对寡言的消费者，营销人员应根据其面部表情和目光注视方向等表现，及时摸清他们的购买意图，用客观的语言来介绍商品，并尽快找出共同语言，促使消费者尽快购买。

（3）对待随意和有疑虑的消费者的策略。随意型消费者对商品的性能和特点往往不太了解，选购商品时常表现出拿不定主意。营销人员应主动给他们出主意，帮他们挑选合适的商品，以诚信为本。对待疑虑型消费者，营销人员要尽量让他们自己去观察和选定商品，如果消费者有疑问，应该用真诚和客观的语言给予解释或介绍，尽可能打消他们的疑虑。

（4）对待购买行为积极和消极的消费者的策略。购买行为积极的消费者，购买目标明确，购买过程中的举止和语言表达较为流畅。营销人员在了解他们的意图后，应主动配合，使其尽快购买。购买行为消极的消费者，常常无明确的购买目标和意图，能否产生购买行为，在很大程度上取决于营销人员能否积极、热情、主动地接待，并激发他们的购买热情，引发他们的购买行为。

（5）对待不同情绪的消费者的策略。性格不同的消费者，在购买过程中，由于各种因素的影响，会有各种不同的情绪表现。对待情绪容易激动的消费者，营销人员应注意语言艺术，要冷静、耐心地接待，不能随便开玩笑，否则，会激起消费者情绪的兴奋而难以抑制。对情绪温和的消费者，营销人员应主动、热情地向他们介绍商品，帮助他们选择所需要的商品。

第三节　消费者的能力

一、能力的含义

心理学中的能力是指个体完成某种活动所必需的并直接影响活动效率的个性心理特征，是个性心理特征的综合表现。能力是完成一项目标或者任务所体现出来的素质，人们在完成活动中表现出来的能力有所不同。日常生活中的能力是多方面的，如工作能力、运动能力、认识能力、洞察能力、消费能力、理解能力等。能力不是与生俱来的，是在遗传素质的基础上通过环境和教育的相互作用以及个人的主观努力，在学习与实践活动中逐步形成和发展的。

二、能力的分类

人的能力是多种多样的，一般可分为以下几种。

（一）一般能力和特殊能力

一般能力是在很多基本活动中表现出来的能力，是人认识、理解客观事物并运用知识、经验解决问题的能力，一般将其称为"智力"。例如，注意力、观察力、记忆力、想象力和思维力等。特殊能力是表现在某些专业活动中所具备的特殊技能。例如，节奏感受能力、色彩鉴别能力、计算能力、飞行能力等。

（二）模仿能力和创造能力

模仿能力是指人们通过观察别人的行为活动来学习各种知识，然后以相同的方式做出反应的能力。例如，语言学习、书法学习、绘画学习、体育活动的学习等。创造能力是指根据一定的目的，运用已有的知识和经验，创造出有社会价值的独特的新东西的能力。例如，新观点、新理论、新技术、新产品、新工艺、新方法等。

（三）实践能力

实践能力是指人们完成某种活动的能力。例如，生活能力、适应能力、学习能力、社交能力、表达能力、审美能力等，对于从事不同专业的人，除了具备一定的专业能力外，还要具备一定的实践能力。

【知识窗】

能力水平的等级划分

在心理学的研究中，有人把能力水平的差异分为四个等级：①能力低下，轻者只能完成一些较简单的活动，重者即丧失活动能力，甚至连生活也不能自理。②能力一般，即所谓"中庸之才"，有一定的专长，但是只限于一般地完成活动。③才能，具有较高水平的某种专长，具有一定的创造力，能较好地完成活动。④天才，即具有超水平的专长，善于在活动中进行创造性思维，取得突出而优异的活动成果，达到常人难以达到的程度和水平。据调查，能力水平在人群中的分布是能力低下者和天才极少，能力一般者占绝大多数。

三、消费者的主要能力

（一）注意力

注意力是指人的心理活动指向和集中于某种事物的能力，"注意"是一个古老而又永恒的话题。俄罗斯教育家乌申斯基曾精辟地指出："'注意'是我们心灵的唯一门户，意识中的一切，必然都要经过它才能进来。"注意是指人的心理活动对外界一定事物的指向和集中，注意的能力称为注意力。

注意（attention）是心理活动对一定对象的指向和集中，是伴随着感知觉、记忆、思维、想象等心理过程的一种共同的心理特征。消费者在购买商品时，注意力强的人往往进入商店就能在琳琅满目的商品中迅速发现他所要购买的商品；而注意力较差的人却不同，他可能进商店就忘了自己的目的，而是这看看，那看看。

（二）识别力

识别力是智能的一个体现，是人对感觉的认知和判断能力，识别力是消费者识别、辨认商品的能力，人们根据信息的内容和其产生、传播、接受的程度，依据自身的经验和知识，判断商品性质、价值的本领和水平。

任何识别都是以基础知识为基础的，一定的专业知识可以帮助明确需求目标，提高需求的针对性，如在购买一些专业用途的商品时，具有一定专业技术知识的顾客与普通顾客的识别能力有所不同。

（三）评价力

评价力通常是指对一件事或人物进行判断、分析后得出结论的能力，在消费者购买商品时，根据一定的标准分析、判断商品的性能、质量，从而确定商品价值大小的能力。有些消费者评价能力较强，能了解商品的优缺点，做出正确的购买决定；另一些评价能力低的顾客往住等大多数人都购买了，才会做出购买决定。

（四）鉴赏力

鉴赏是对文物、艺术品等的鉴定和欣赏，是人们对艺术形象进行感受、理解和评判的思维活动和过程，人们在鉴赏中的思维活动和感情活动一般都从艺术形象的具体感受出发，实现由感性阶段到理性阶段的认识飞跃，既受到艺术作品的形象、内容的制约，又根据自己的思想感情、生活经验、艺术观点和艺术兴趣对形象加以补充和丰富。运用自己的视觉感知过去已经有的生活经验和文化知识，对美术作品进行感受、体验、联想、分析和判断，获得审美享受，并理解美术作品与美术现象的活动。如一个花瓶，欣赏力高的消费者欣赏其不同的风格，而欣赏力低的消费者则认为只是个瓶子而已。

（五）购买决策力

消费者为了满足某种需求，在一定的购买动机支配下，在可供选择的两个或者两个以上的购买方案中，经过分析、评价、选择并且实施最佳的购买方案，以及购后评价的活动过程。它是一个系统的决策活动过程，包括需求的确定、购买动机的形成、购买方案的抉择和实施、购后评价等环节。消费者购买决策力是指消费者谨慎地评价某一产品、品牌或服务的属性并进行选择、购买，完成对某一特定产品采购过程的能力。它是消费者购买行为中最主要的能力，直接决定消费者的购买行为最后能否实现。

（六）应变能力

应变能力是指自然人或法人在外界事物发生改变时，所做出的反应，可能是本能的，也可能是经过大量思考过程后，所做出的决策。应变能力强的人往往能够在复杂的环境中沉着应战，而不是紧张或莽撞从事。在工作、学习和日常生活中，学会自我检查、自我监督、自我鼓励，有助于培养良好的应变能力。

四、能力与购买行为类型

消费者不同的能力决定了不同的购买类型。常见的购买类型有以下两种划分方法。

（一）从购买目标的确定程度划分

1. 确定型

此类消费者有比较明确的购买目标，事先掌握了一定的市场信息和商品知识，进入营销现场后，能够有目的地选择商品，主动提出需购商品的规格、式样、价格等多项要求。如果购买目标明确且能够清晰、准确地表达，购买决策过程一般较为顺利。

2. 半确定型

此类消费者进入营销现场前已有大致的购买目标，但对商品的具体要求尚不明确。到了现场，行为是随机的，与营销人员接触时，不能具体地提出对所需商品的各项要求，注意力不是集中在某一种商品上，决策过程要根据购买现场情景而定。

3. 盲目型

此类消费者购买目标不明确或不确定。他们进入营销现场后，无目的地浏览，对所需商品的各种要求意识蒙眬，表达不清，往往很难被营销人员理解。他们在进行决策时容易受购买现场环境的影响，如营销人员的态度、其他消费者的购买情况等。

（二）从对商品的认识程度划分

1. 知识型

知识型的消费者具有较全面的能力和较多的商品质量、性能、价格、产销等方面知识，拥有丰富的商品购买、使用经验，能够辨别商品的质量优劣，能很内行地在同种或同类商品中进行比较、选择。这类消费者在选择时较为自信，往往胸有成竹，有时向营销人员提的问题很少但很关键。营销人员接待这类消费者时要尊重他们的意见，或提供一些技术性的专业资料，不必过多地解释和评论。

2. 略知型

略知型的消费者的能力和水平处于中等状况，他们通常掌握一定的商品消费知识，对商品有一定的了解，但不够系统和全面。对商品的质量、性能等内在属性不能独立地做出准确的判断，乐于听取他人和营销人员的介绍及厂商的宣传，常常有选择性地主动寻求营销人员的帮助，容易受外界环境的影响。

3. 无知型

无知型的消费者的能力和水平处于缺乏和低下的状况，他们不仅对商品的消费知识和经验都很缺乏，而且购买的目的性也不强，挑选商品常常不得要领，随意性强，犹豫不决，缺少主见，希望营销人员多介绍、多解释。他们容易受广告、其他消费者或营销人员的影响，买后容易产生后悔心理。因而营销人员要不怕麻烦，主动、认真、实事求是地给他们介绍商品。

第四节　消费者的动机和行为

一、消费者需要的概念和需要的层次

消费者对商品的需求，通常受其特有的兴趣与需要制约。因此，对消费者购买的动机与行为的研究，必须从掌握消费者的需要的形成、需要的层次、需要的特征及其发展规律开始。

（一）需要的概念

需要是指人对某种目标的渴望和欲求，是个体由于缺乏而产生的内心紧张与周围环境形成某种不平衡的状态，是客观要求在人脑中的反映，是个体积极性的源泉，它推动着人们去从事某种活动。需要不断地得到满足，又不断地产生新的需要，从而使人们的活动不断地向前发展。需要通常以意向、愿望和渴求等形式表现出来。被人们意识到的需要，就成为行为的动机。消费者的需要包含在人类的一般需要之中，它反映了消费者某种生理体验的缺乏状态，并直接表现为消费者获取消费对象（商品或劳务）的要求和欲望，需要的不断产生是消费者接连不断地购买行为发生的内在原因和根本动力。

（二）需要的产生

人的需要的产生往往必须具备两个前提条件，一是有不足之感，感到缺少了什么东西；二是有求足之愿，期望得到某种东西。需要就是由这两种状态形成的一种心理现象。需要的产生主要取决于以下几方面的因素。

1. 生理状态

人的生理状态是心理活动的基础。例如，饮食的需要就是由于胃的收缩，血液含糖浓度降低所引起的饥饿的刺激在人脑中的反映。所以，饥则食、渴则饮是人的最基本的生理需求。

2. 社会因素

消费者作为一个社会人，不仅有一般生物都具有的生理上的需求，而且同时具有社会属性，除生理需求之外人还有精神方面的需求，并且人的各种需求无一不受各种社会因素的影响和作用。例如，当人感到孤独寂寞时，会产生对交往和娱乐的需求。人的需求还经常受到相关群体的示范效应影响，如邻居和朋友的介绍、广告宣传和各种促销活动的刺激和影响等。

3. 个人的认知

消费者对客观事物的认识水平和驾驭能力，既有其先天方面的因素，又来自于后天的培养。思维、想象、对比和联想等都可能使人不断产生新的欲望和追求；学习、理解、信息加工及眼界的开阔等也可以不断丰富人们需要的内容和层次。

总之，人的需要是多种多样、纷繁复杂的。从总体上看，需要可以分为两大类型：第一是物质需要，这是人类生存和发展的基本需要，是一种反映人的活动对物质文明产品依赖性的心理状态；第二是精神需要，这是一种人的意识对社会意识依赖性的心理状态，如社会交往和亲情关系的需要、对美的需要等。

（三）需要的层次理论

需要层次论是研究人的需要结构的一种理论，是美国心理学家马斯洛于1943年在其著作《人类激励理论》中首先提出的一种理论。马斯洛将人的需要分为五个层次，即生理需要、安全需要、爱与归属需要、尊重需要和自我实现需要。五个层次形成一个级差体系，如图3-1所示。

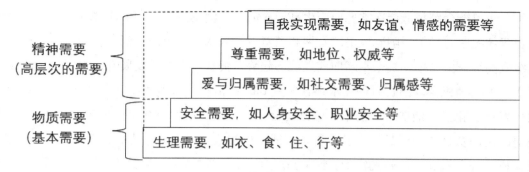

图 3-1　马斯洛的需要层次论

马斯洛认为，人所具有的各式各样的需要，都包含在上面五类需要中。他认为，人们行为的推动力，是需要没有得到满足。当低级需要得到满足之后，人们就开始追求更高一级的需要；如果某一层次的需要没有得到满足，那么这种需要就会强烈地驱使人们进行各种努力去满足这种需要。在此需要未被满足之前，满足这种需要的驱动力会一直保持下去。一旦这种需要得到满足，它就失去了对行为的刺激作用，而被下一个更高层次的需要所替代。下一个更高层次的需要又成为人的行为的新的刺激动力。马斯洛认为，需要的层次越低，越具有原始自发性，生理需要应当首先给予满足；低级需要一经满足，就会进行到较高一级的需要；需要的层次越高，受后天的教育、培养和引导等因素的影响就越大；在需要的五个层次中，自我实现的需要是人的最高层次的需要。

二、消费者需要的基本特征

尽管消费者的需要多种多样、复杂多变，但是也有一定的倾向性和规律性，需要的特征概括起来主要有以下几个方面。

消费者需要的基本特征

（一）需要的多样性和差异性

消费者需要的差异性和多样性既表现在不同消费者多种需求的差异上，也表现在同一消费者多元化的需求内容上，由于消费者性别、年龄、民族、文化程度、职业，收入水平、社会阶层、宗教信仰、生活方式和个性心理特征等不同。因而，一方面在需要的内容、层次、强度和数量方面是千差万别的；另一方面，就同一消费者而言，其需要也是多元的：不仅有生理方面的、物质方面的需要，还有心理方面的、精神方面的需要。消费者需要的多元性还表现在同一消费者对某一特定消费对象常常兼有多方面的要求，如人们既要求商品质地优良、经济实惠，又要求商品外观新颖时尚，能展示自己的独特个性。

（二）需要的层次性和发展性

消费者的需要可以划分为高低不同的层次，一般是从低层次开始满足，不断向高层次发展。但在特殊情况下，需要的层次顺序也可能变化，即在尚未完全满足低层次需要的情况下，也可能会跨越低层次需要而萌生高层次需要。消费者需要的形成和发展与社会生产及自身情况紧密相关。随着经济的发展和消费者收入水平的提高，消费者的需要呈现出由低级到高级、由简单到复杂不断向前发展的趋势。消费者需要的发展性，为工商企业提供了更多的营销机会。消费者的需求还常常受到时代精神、风尚和环境等多种因素的影响，时代发展变化了，消费者的需求和偏好也会不同，如20世纪60年代至70年代，我国人民对耐用消费品的需要是手表、自行车、缝纫机和收音机；80年代后，发展为对电视机、录音机、洗衣机和电冰箱的需要；到了90年代则发展为对计算机、住房和家用轿车的需要。随着现代化建设的进程，消费者对教育、科技书籍和文体用品的需求日益增多。由此可见，需要是不断发展的，需要不断出现，不断满足，再出现，再满足，周而复始地循环，永无止境。

（三）需要的伸缩性和周期性

需要的伸缩性又称需求弹性，消费者的需要是个多变量的函数，要受到内、外多种因素的影响和制约，可多可少，可强可弱。消费者购买商品，在数量、品种等方面会随收入和商品价格的变化而变化。一般来说，对基本生活必需品需要的伸缩性较小，消费者对它们的需要是均衡而有一定限度的。而像穿着用品、装饰品、耐用消费品及奢侈品等，消费者需求的伸缩性就比较大。影响消费者需求的伸缩性主要是消费者的需求欲望及货币支付能力等内因，也可能是由商品供应、企业促销活动、售后服务、价格变动和储蓄利率等外因引起的。当客观条件限制需要的满足时，需要可以抑制、转化、降级，可以停留在某一水平之上。

消费者的需要还具有周期性的特点。消费者需要的周期性主要是由其生理机制及心理特性引起的，并受自然环境变化周期、商品的生命周期和社会时尚的变化周期的影响。例如，消费者对服装的需要直接受气候变化的影响，表现出很强的季节性；一些与节日、纪念日相关的商品的需要，其周期性更为明显。

（四）需要的可变性和可诱导性

消费者的消费需要是可以引导和调节的。通过引导可以使消费需求发生变化和转移，潜在的欲望会变为现实的行动，未来的消费也可以成为即期消费，微弱的需要转变为强烈的需要。消费者的需要还可以通过营销者人为的、有意给予外部刺激和诱导而发生变化。例如，面对美味诱人的佳肴，消费者可能产生购买行为，尽管当时并不感到饥饿；又如，由于产品的新颖独特或禁不住广告宣传的诱惑，人们会由原先并不打算购买或不准备马上购买，变为强烈的购买冲动而当场购买。市场通过提供特定诱因和刺激，促进消费者产生某种需要，正是现代市场营销理念所倡导的引导消费及创造消费的理论依据。在实践中，许多企业就是利用消费者需要的可变性和可诱导性这一特点，不惜斥资百万，开展广告宣传、倡导消费时尚、创造示范效应、施予优惠刺激，影响和诱导消费行为，并且屡屡收效。

三、消费者的购买动机

动机是在需要的基础上产生的一种心理倾向，消费者的购买动机，是其购买行为心理的重要组成部分，是由消费者的需要及兴趣等心理活动而产生的购买行为的内在动力。

（一）动机的定义

动机是推动人们去从事某种活动、达到某种目的、指引活动满足一定需要的意图、愿望和信念。动机是人们一切行为的内在动力，是人们从事某种活动的直接原因。在消费心理学中，购买动机是指直接驱使消费者实行某项购买活动的内在推动力。它反映了消费者生理上和心理上的需要，是消费者购买行为心理活动的重要阶段。购买动机是在需要的基础上产生的，当需要有了明确的目标时，才转化为动机。由于人们需要的多样性和个体心理发展的不同水平，人们的动机也是不同的。动机是极其复杂的，动机作为一种内在的心理状态，不能被直接观察到，也不能被测量出来，一般要根据人们的行为方式或自我陈述来了解动机。营销企业应认真研究并掌握消费者购买动机的调查方法，明确消费者购买行为的真正动机，有的放矢地做好销售工作。

（二）消费者购买动机的功能

动机作为行为的直接动因，在消费者的购买行为中具有多方面的作用。

1. 始发和终止行动的功能

动机能够引发和驱使人们去行动。消费者的任何购买行为都是由动机驱使和支配的。具有明确动机的消费者比动机模糊的消费者具有相对较高的购买水平。实际上，动机引发和驱使消费者购买行为必须提出和动机相应的目的，只有在这种情况下，动机才能唤起消费者的购买行为，起到发动作用。当动机指向的目标达成，即消费者某方面的需求得到满足时，从而引起新的消费行为。

2. 指引行动方向的功能

动机不仅能引起行为，而且具有维持行为趋向一定目标的作用。消费者可以同时具有多个动机，其中有的与某种特定的方向、预期的目标一致，有些相互冲突；有些动机可以同时满足，有些不能同时满足。一方面，它使人们的购买行为具有一定的目标和方向，即满足人们某一方面的需求；另一方面，它可以使消费者在购买动机的冲突中进行选择，即首先满足人们最强烈、最迫切的需要。最终占主导地位的动机沿着特定的方向起作用，实现预期的购买目标。

3. 维持与强化行动的功能

动机的实现往往需要一定的时间过程，在这个过程中，动机将贯穿行为的始终，不断激励消费者排除各种因素的干扰，直至动机的最终实现，完成购买过程。另外，动机对人的行为还具有强化作用，即行为的结果对动机的"反馈"。行为结果对引起该行为的动机的再次产生，具有加强或减弱的作用。动机会因好的行为结果而重复出现，得到加强，再次导向购买行为，这个过程称作正强化；动机也会因不良的行为结果而减少或削弱，导致消费者购买兴趣的减弱或消失，这个过程称作负强化。许多消费者认牌购货的行为就是正强化这一作用的反映。

（三）消费者购买动机的类型

消费者的购买活动都是由购买动机推动的。但是，消费者的购买动机是复杂的、多层次的，在消费者的购买活动中起作用的，通常不只是一种购买动机，而是多种动机综合作用的结果。消费者购买动机可以从不同的角度进行划分。

（四）消费者一般性购买动机

消费者一般性购买动机是针对消费者从事购买商品的原因和驱使力方面的，具体分为生理性购买动机和心理性购买动机两大类，它对于进一步分析消费者在购买活动中表现出来的具体购买动机具有重要意义。

1. 生理性购买动机

生理性购买动机是指消费者由于生理本能的需要而产生的购买动机。消费者作为生物学意义上的人，为了满足、维持、保护、延续及发展自身生命，必然会产生激励其购买能满足其需要的商品的动机。而这些动机多数是建立在生理需要的基础上的，具有明显、稳定、简单、重复、个体之间差异小的特点。需要指出的是，当代社会人们的消费行为，单纯受生理性购买动机驱使购买行为的消费者已不多见，通常是生理性购买动机与其他非生理性购买动机交织在一起，共同推动消费者的购买行为。

2. 心理性购买动机

心理性购买动机是指消费者由于心理需要而产生的购买动机。由于消费者心理活动的复杂性，心理性购买动机较之生理性购买动机更为复杂多变，难以掌握。它是人所特有的，具有深刻、隐匿、多样化和个体之间差异大等特点，情感购买动机就是心理性购买动机的典型表现。情感动机是由人的道德感、群体感和美感等人类的高级情感而引起的购买动机。例如，人们出于爱国而购买本国生产的商品；为加深友谊而购买礼品；为追求青春美丽而购买各种美容护肤品等，这些都属于情感购买动机。

（五）消费者具体的购买动机

在实际购买活动中，消费者购买商品或劳务的心理是非常复杂的，因而形成了形形色色的具体的购买动机。深入研究消费者具体的购买动机，有助于商业企业掌握消费者购买行为的内在规律性，并采取有效措施加以引导。

1. 追求实用的动机

所谓追求实用的购买动机就是以追求商品或劳务的使用价值为主要目的的购买动机。它是消费者中最具普遍性和代表性的购买动机。具有这种购买动机的消费者特别注重商品的实际效用、功能和质量，讲求经济实惠和经久耐用，而不大注意商品的外观。如果商品的使用价值不明确或徒有虚名，那么消费者会毫不犹豫地放弃购买，例如，人们在日用品的消费上，往往抱有追求实用的动机。

2. 求新心理动机

所谓求新购买动机是以追求商品的新颖、奇特、时尚为主要目标的购买动机。具有这种购买动机的消费者特别重视商品的款式、颜色和造型是否符合时尚或与众不同，喜欢追逐潮流，而不太注意商品的实用程度和价格高低，冲动性购买时有发生。这种心理动机以经济条件较好的城市青年男女为多。

3. 求美心理动机

所谓求美购买动机是以追求商品的艺术价值和欣赏价值为主要目标的购买动机。具有这种购买动机的消费者特别重视商品本身的色彩美、造型美和艺术美，以及对人体的美化作用，对环境的装饰作用，对人的精神生活的陶冶作用，追求商品的美感带来的心理享受，而对商品本身的实用价值不太重视。这种心理动机在一些具有一定的艺术修养的人群中比较多见。

4. 求名心理动机

所谓求名购买动机是以追求名牌商品、高档商品或仰慕某种传统商品的名望，以显示自己的地位和声望为主要目的的购买动机。具有这种购买动机的消费者特别重视商品的商标、品牌、档次及象征意义，对价格低廉的商品则不屑一顾，对名牌商品情有独钟，往往喜欢与别人攀比，自信"一分价钱一分货"，专门光顾出售名牌商品的店家，成为某种名牌产品的忠实消费者，以达到显示自己的生活水平、社会地位和个性特征的心理目的。

5. 求廉心理动机

所谓求廉购买动机是以追求商品价格低廉，希望以较少货币支出获得较多物质利益为目的的购买动机。具有这种购买动机的消费者特别重视商品的价格，对价格变化反应特别敏感，对处理价、优惠价、特价和折价的商品特别感兴趣。求廉购买动机是一种比较普遍的购买动机。这种心理动机与消费者的经济条件有关，但也包括一些经济收入较高而节俭成习的人。

6. 从众心理动机

所谓从众购买动机是指受众多消费者影响，而盲目跟随的购买动机。这种类型的消费者经常以相关群体中大多数成员的行为为准则，以同众人一致作为追求的目标。他们往往缺乏市场信息和选购经验，以为从众可以避免个人决策失误，有安全感。在销售活动中利用"媒子""托儿"并屡屡得手的一些不法商家，就是"巧妙"地利用了这类不太理智、不太成熟的消费者的从众心理。

总之，消费者的具体购买动机是复杂多样的，其表现形式因人而异，因时而异。每种购买动机不是孤立地产生和发挥作用的，往往是几种购买动机交织在一起，共同推动消费者的购买行为，只不过对于不同的消费者，在不同的场合下，各种动机的作用有主有从罢了。

四、消费者的购买行为

（一）购买行为的概念

心理学上所谓的行为，是指人们在外部刺激的影响下，所采取的有目的的活动，它是个体与环境相互作用后的某种特定的反应。消费者购买行为就是消费者为了满足某种需要，在购买动机的驱使下进行的购买商品和劳务的活动过程，它是消费者心理与购买环境、商品类型、供求状况及服务质量等交互作用的结果。它是社会上最具广泛性的一种行为方式。

消费者购买行为并不是由刺激直接引起的，而是经过消费者的一系列内部心理折射实现的。

消费者购买行为的一般模式如图 3-2 所示：

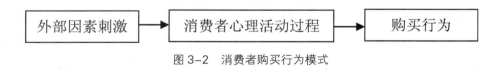

图 3-2　消费者购买行为模式

这个模式表明，消费者的购买行为是由某些刺激引起的。这些刺激既来自外部环境，也来自消费者内部的生理或心理因素。消费者在多种刺激因素的作用下，经由复杂的心理活动，产生购买动机，在购买动机的驱动下进行购买决策，采取购买行为并进行购后评价，由此实现一次完整的购买过程。

（二）消费者购买行为的类型

消费者千差万别的心理活动影响着实施购买的全过程，产生出各具差异的购买行为，为此，可按照不同的、标准的消费者购买行为进行分类，总结其变化规律，为企业制定切实可行的营销策略提供依据。

1. 根据消费者购买目标的确定程度划分

（1）全确定型。消费者在进入商店，产生购买行为之前，已有明确的购买目标，对所要购买商品的种类、品牌、价格、性能、质量、型号、样式及颜色等都有明确而具体的要求。因此，这类消费者进入商店后，一般都能有目的地选择商品，并主动提出需购商品的各项要求，一旦商品合意，就会毫不犹豫地买下。整个购买过程都是在非常明确的购买目标指导下进行的。

（2）半确定型。消费者在进入商店购买商品之前，已有大致的购买目标，但还不能明确、清晰地提出所需商品的各项具体要求。在购买行为实际发生时，仍需对同类商品继续进行了解、比较，经过较长时间的考虑，才会完成购买行为。

（3）不确定型。消费者在进入商店购买商品之前，没有任何明确的购买目标，进入商店主要是参观、浏览和休闲，一般只是漫无目的地观看商品或随意地了解一些商品的情况。如果碰到感兴趣的商品会购买，也可能浏览一番，不买任何商品。

2. 根据消费者购买行为的不同态度划分

（1）习惯型。消费者因以往的购买经验和使用习惯，对某些商店或商品十分信任和熟悉，以致形成某种定势，长期惠顾某个商店或长期购买使用某品牌的商品，产生习惯性的购买行为。这种行为不会因年龄的增长或环境的变化而变化。在购买商品时，这类消费者目的性很强，不受时尚的影响，决策果断，成交迅速。

（2）理智型。这类消费者的购买行为以理智为主，感情色彩较少。在购买商品之前往往不易受他人诱导或广告宣传的影响，自始至终由理智支配行动。

（3）经济型。这类消费者选购商品多从经济观点出发，对商品的价格非常敏感，以价格高低作为选购标准。消费者往往对同类商品中价格低廉者感兴趣，认为既经济又实惠。

（4）冲动型。这类消费者的情绪波动性大，对外界刺激敏感，没有明确的购买计划，易受外界因素影响，凭直观感觉从速购买，选择商品考虑不周到，买后常常感到非常懊悔。他们在购买商品时往往容易受感情支配，富于联想，以感情需要进行购买决策。

（5）疑虑型。这类消费者善于观察细小事物，体验深而疑心大。在选购商品时细致谨慎且动作缓慢，他们往往缺乏购买经验或主见，在购买商品时大多表现得犹豫不决，难以自主决策，一般都渴望得到营销人员的提示和帮助，容易受外界因素影响。

（三）消费者购买行为的一般过程

消费者购买行为过程是他的需要、购买动机、购买活动和购后感受的统一。一般来说，可以分为五个阶段。如图 3-3 所示。

消费者购买决策过程

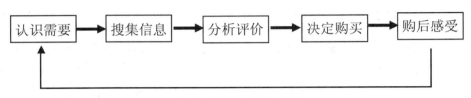

图 3-3　消费者购买行为过程

1. 认识需要

消费者的购买行为源于购买动机，购买动机源于消费者的需要。因此，需要是消费者购买行为过程的起点，消费者对需要的认识取决于两个方面：一是消费者内部的生理及心理缺乏状态，即由人体内在机能的感官所引发；二是外部环境的刺激，消费者在内外部刺激的共同作用下便产生了种种需要。在商业经营活动中应注意对消费者需要进行研究，并通过合理的、巧妙的诱引唤起消费者的需要。

2. 搜集信息

如果消费者需要的目标明确，动机强烈，可满足需要的商品又易于得到，消费者会马上采取购买行为。在多数情况下，消费者首先会去收集有关这种商品的信息，作为比较和选择的依据。如果需要不能立即得到满足，它会进入消费者的记忆中，作为满足未来需要的必要资料。如果消费者的需要比较迫切，就会积极主动地通过大众传媒和亲朋好友去广泛搜集信息资料；还可以到商店去看，向售货员咨询、请教，以便找到称心如意的商品。消费者从不同渠道获得的信息量是不同的，同时对不同渠道所获信息的信任度也是不同的。

3. 分析评价

当消费者搜集到足够的信息资料后，就会根据掌握的资料、以往的经验、个人兴趣爱好及经济状况等，对可供选择的商品进行分析对比和综合评价，力求缩小可供选择的范围。消费者进行评价时，一般分为三个步骤进行。首先，全面了解商品的性能、质量、款式、价格、品牌及特点等，获得总体上的认识；其次，综合比较同类商品的优缺点；最后，根据自己的爱好和条件，提出选择方案，确定购买对象。作为营销者，应了解消费者处理信息的过程，掌握消费者的购买意向，发挥必要的参谋作用。

4. 决定购买

消费者对所掌握的信息资料进行分析评价后，就会做出是否购买的决策。事实上，并非所有消费者产生需要后都会采取购买行动，有些人的需要在购买前的分析评价过程中就已经消退，或徘徊于"不确定"之中。消费者在行动之前，首先要做出决策，明确购买哪种商品、什么牌子、何种款式、数量多少、价格多少可以接受以及准备在哪里购买等问题。消费者做出购买决策时，会受到多种因素的影响和制约，从营销者的角度看，应做好售前、售中、售后服务工作，加深消费者对本企业及其产品的良好印象，争取消费者的"货币选票"投向自己的产品。

5. 购后感受

消费者购买使用产品后，根据自己的期望对产品做出评价，或通过与家庭成员、亲朋好友交流，验证自己所做出的购买决策是否正确，从而形成购后感受。若产品的效用符合或者高于原有的期望，消费者就会感到满意；反之，则会感到不满意。购后感受作为"口传信息"，不仅影响到消费者自己能否重复购买，而且，在一定程度上还影响到其他人的购买。因此，在商品营销活动中，要特别重视消费者的购后感受和评价，及时与消费者沟通，慎重处理消费者反馈意见，尽量避免因消费者投诉而造成的厂家和品牌声誉方面的损失。

【知识窗】

小王购买电冰箱

小王大学毕业后来到风景如画的江南名城——扬州，不久，便建立了小家庭，夫妻俩，一个在研究所工作，一个在机关就职，由于工作都很忙，不可能为一日三餐花很多时间，便打算买一台电冰箱。为此，他们到处打听行情，并跑了好几家商店，掌握了大量的相关信息，并对各种信息进行分析、比较、综合和归纳。最后决定买××电冰箱厂生产的××牌电冰箱。因为小王是北京人，远离家乡和亲人，对家乡的人和物有特殊的感情。同时，该品牌电冰箱是全国最早的名牌，物美价廉。确定了购买××牌电冰箱后，他们立即行动起来，先去离家较近的几家商店了解销售服务情况，最后选中了一家售后服务好的大型零售商店，高高兴兴地将一台双门××牌电冰箱搬回了家。

【分析】

通过小王购买电冰箱的例子，具体说明消费者购买行为的五个阶段。

➤ **知识练习与思考**

1. 何谓个性？个性如何影响购买选择？
2. 何谓气质？顾客的气质类型有哪几种？
3. 何谓性格？性格具有哪些特征？
4. 举例说明消费能力的组成。

➤ **案例分析与应用**

最女人的信用卡

她们的个性写真是：喜欢煮咖啡，不喜欢煮饭；工作全力以赴，表现一流，男人开始习惯；渴望有女强人的成就，又渴望如小女人般受宠；热情、爱冒险，却又心思细密；喜欢出国旅游，会赚钱，也会花钱，高兴就好；有自己的生活品位，有自己的消费主张，有专属于女人的信用卡——××银行玫瑰卡。

玫瑰卡第一阶段的定位是"最女人的信用卡"，它清楚地表达了玫瑰卡的属性。其广告以展现玫瑰卡的气质并且塑造玫瑰卡独特的个性来取得目标群的认同，让目标消费群体接触到广告时会被诉求所感动，相信自己便是那一位拥有玫瑰卡的独特女人。

第二阶段则对"最女人的信用卡"进行升华，以"认真的女人最美丽"为个性写真，因为"认真"是一种生活态度、消费主张；"美丽"则是女人热衷追求，喜爱被赞美的心理。

品牌个性一经设定，所有的营销广告活动便围绕其展开。为此，××银行采取了如下策略。

（1）建立产品优势。例如，增加持卡权益：旅游早安险，金卡免费道路救援服务，全球购物保障，代缴电费、电话费及交通罚款等。

（2）直销。直接针对目标女性现场办卡。通过业务员在全省人流集中处如百货公司、电影院等门前摆摊位，直接与目标对象接触，缩短犹豫期，成功率非常高。

（3）有针对性的推广。在细分出女性市场以后，××银行又针对不同的女性进行了一系列有针对性的推广活动。例如，针对应届毕业的大学女学生，寄发DM，允许她们以年费6.6折优惠申请，并获得免费的SPA试用；针对50000名高使用率的玫瑰卡会员，鼓励她们推荐自己的亲朋好友申请××银行信用卡。

（4）与女性杂志结合。参与××××杂志三周年庆，由该杂志社引进法国巴黎名模，展现当季流行秀，并举办××××杂志音乐会。后又由××××杂志邀请国内知名音乐家举办演奏会，邀请玫瑰卡会员观赏。

（5）举办持续的情人节活动，辅以成功的事件行销运作，与女人最爱的情人节紧密结合，在每年西方情人节及七夕，举办大型现场办卡活动，以女人喜爱又与玫瑰卡相关联的玫瑰花、巧克力及玫瑰花茶做赠品。情人节已成为玫瑰卡的节日。

（6）借不同版本玫瑰卡上市之机，开展独特的公关活动。例如，1997年11—12月，推出"认真的女人，宠爱自己"活动，玫瑰卡会员可以在全省UBEX特约商店，优惠选购一只纯

HvS 级 0.3 克拉 UBEX 南非天然美钻。

由于一系列的卓越策划，×× 银行玫瑰卡成功地在信用卡市场绽放，成为女性信用卡第一品牌。"认真的女人最美丽"更成为广告流行语，被人们广泛引用，成为 ×× 银行玫瑰卡最重要的品牌资产。

讨论：

分析 ×× 银行玫瑰卡品牌个性塑造的成功之处。

➤ **项目实训**

【**实训目的**】

促进学生熟悉气质的相关知识：能够准确地分析气质的基本和核心特征；确定每一种气质类型的主要行为特点；根据行为特点分析主要的交流方式和方法；熟悉不同气质类型的主要行为特点以及主要的应对方法。

【**实训题目**】

将教材中气质测试的 60 道题目根据自己对气质的理解进行归类，然后与评分标准进行对比分析，分析归类错误的原因；根据每个气质类型的 15 个主要行为指标分析不同气质类型的行为主要特点以及交流方法。

【**实训方法**】

第一步：每一位同学根据气质的分类以及各种气质类型的特点，将 60 道测试题目进行快速归类。

第二步：每两位同学结成一个小组，对照气质测试的答案进行相互评阅；根据评阅对归类错误的题目进行分析，找出原因；两个人讨论和总结不同气质类型的行为的主要特点以及主要的区分方法，根据生活的体会和专业的学习分析应对的方法；形成简单的总结文字，准备交流。

第三步：找到 3~5 组的同学进行学习分享和交流，了解气质和不同气质的行为特征，以及简单的区分方法和主要的应对策略。

第四步：教师对气质类型、特点、主要区分方法以及主要应对策略进行分析和点评。

第四章
消费者群体与消费心理

➤ **导入案例**

可口可乐创推 "昵称瓶" 全面上市

2013 年 6 月 9 日，可口可乐宣布正式启动 2013 年 "畅爽夏日，分享快乐" 夏日营销活动。此前已在媒体和网络大热的可口可乐 "快乐昵称瓶" 宣布于当天全面上市。这款独具创新的夏季包装，将流行于网络的社交昵称印制在可口可乐瓶身，为分享注入诸多趣味，掀起一股年轻人之间的收集与分享热潮。在活动启动现场，可口可乐同时宣布亚洲天团五月天为最新一季代言人，发布首支广告片。首度以代言人身份助阵可口可乐的五月天，更是带来一首为可口可乐特别创作的专属歌曲《伤心的人别听慢歌（贯彻快乐）》。首次献唱，五月天与可口可乐数千歌迷一同嗨翻全场，现场邀约人们共同加入快乐的夏日分享季。

可口可乐推出的夏日昵称装令人耳目一新，风趣幽默，带着强烈的社交媒体时代的特征，有效激发了年轻人之间的分享。据最新的消费者行为研究分析，随着互联网与社会化媒体的发展，人们的社交方式和沟通习惯也随之变化。年轻人之间常以轻松幽默的方式，用一些昵称彼此相称，以示亲密和友好。

可口可乐整合市场营销高级市场总监表示：快乐和分享一直是可口可乐的品牌精神，而用消费者自己的语言与他们沟通，是拉近品牌和消费者距离的法宝。可口可乐希望通过全新的 "快乐昵称瓶"，让消费者在畅爽解渴之余，想起身边的那个 "你，我，他"，通过分享，拉近彼此的距离，增进友情与亲情。首批推出的二十几款 "快乐昵称" 均选用人们耳熟能详、广泛使用的流行称呼，轻松幽默，充满生活气息，如 "文艺青年" "小清新" "纯爷们" "型男" "快乐帝" "神仙姐姐" "月光族" 等。如图 4-1 所示。多款昵称作为一个整体，体现了可口可乐 "畅爽夏日，分享快乐" 的轻松主题。

图 4-1　可口可乐昵称瓶数字海报

可口可乐的夏季包装"快乐昵称瓶"，首批出现在可口可乐品牌 300 毫升、500 毫升和 600 毫升的独享包装上，方便分享。随着活动的不断推进，后期在市场上推出更多的昵称瓶，某些市场还陆续推出极具地方特色的昵称，比如重庆的"重庆妹儿"，湖北的"板尖儿"等。同时，为了带给消费者更多的独特体验，可口可乐还推出"快乐昵称瓶定制"的地面活动，消费者只要填写自己、朋友或家人的名字，一瓶专属的可口可乐昵称瓶就能打印完成，如图 4-2 所示。这项活动陆续在全国各大市场展开。

图 4-2　快乐昵称瓶

【思考】

可口可乐"快乐昵称瓶"的主要目标群体是什么？主要抓住了该群体的哪些消费心理特征？

现实生活中，消费者经常以群体的方式对市场运行产生影响。研究各个消费者群体的心理，有利于企业充分利用自身资源，找准自己的目标市场，从而制定出正确有效的市场营销。

第一节　消费者群体概述

在现实生活中，我们常常可以看到，一个人单独表现的行为与在群体中表现的行为是不一样的。群体心理的存在，对于个体有着重要的意义。社会对个体的影响，就要通过群体这种微观环境发生作用。

一、消费者群体的含义与分类

（一）消费者群体的含义

消费者群体是由具有某种共同特征的若干消费者组成的集合体。凡是具有同一特征的消费者在消费心理特征、购买行为及购买习惯等方面都有许多共同之处。只有具备以下基本条件和特征的社会成员才能构成一个群体：群体成员需以一定的纽带联系起来，如血缘、职业等；群体成员之间有共同的目标和持续的相互交往；群体成员有共同的群体意识和规范。

（二）消费者群体的分类

从消费心理学角度进行划分，消费者群体一般有以下几种分类方法。

1. 正式群体和非正式群体

（1）正式群体。是指组织形式较为固定且有特定目标的群体。如家庭、班级、工作单位等。消费者的消费行为都会有意无意地受到其正式群体成员的影响。

（2）非正式群体。是指结构比较松散，由于个体某种专门兴趣、某种信念或某方面特殊需要而从属或参加的群体。如业余篮球队、跆拳道协会、老年大学等。其成员之间也存在着直接交往，从而影响着个体的消费行为。

2. 所属群体和参照群体

（1）所属群体。是指一个人实际归属或参加的群体。该群体既可以是正式组织，也可以是非正式组织。其构成有两种情况：一种是由具有相同或相似价值观、审美观的人构成，是个体自愿的结合，如摄影同好会、冬泳协会等。另一种是受自然、社会因素的制约而形成的，不以个人的意志为转移，如学生、知识分子等。所属群体对消费者的影响是直接的、显现的和稳定的。

（2）参照群体。是指消费者做出购买决策的比较群体。参照群体对消费者的价值观和消费行为具有明显的影响。消费者常把参照群体的规范和准则作为自己消费行为的标准，会自觉不自觉地把自己的消费行为与这种标准进行对照，力图改变与之不适应的地方。如有些年轻人把明星作为自己崇拜的偶像，试图从各个方面进行模仿。因此，许多明星成为知名品牌争抢的产品代言人。

【头脑风暴及应用】

你和你周围的同学的参照群体有哪些？他们对大家的消费产生了哪些影响？

3. 自觉群体和回避群体

（1）自觉群体。是指消费者按自己的年龄、性别、民族、教育、职业等指标自动地将自己归属于某个群体，个体能有意识地用这一群体的特征约束自己的消费行为。

（2）回避群体。与自觉群体相反，是指个体消费者自认为与自己不相符的、极力避免归属的群体。这类情况可以影响到市场上某种商品的销售或企业的形象。如国外某种啤酒曾被认为是低阶层消费者饮用的，在中、高阶层就难以找到消费市场。

二、消费者群体对消费心理的影响

人们在消费群体中相互作用、相互影响，就产生了群体心理，如从众、模仿、流行、暗示等。这些群体性的心理现象对消费者心理及行为会产生制约作用。

从众

（一）从众

1. 从众的定义

从众现象在消费领域中是一种普遍存在的心理现象。从众行为既有积极意义，也有消极意义。一方面，可以引导消费者创造消费流行趋势，在消费行为中量力而行、合理安排、讲究实效等。而另一方面，可能会导致消费者不顾自己的收入水平，盲目攀比，以借债甚至非法手段来达到消费目的。

2. 从众产生的原因

（1）行为参照。在很多情境中，人们由于缺乏进行适当行为的知识，必须从其他途径来获得行为引导，在情境不确定的时候，其他人的行为是最具有参照价值的。为了简化人的认知过程，个体会采取一定的从众行为。

（2）偏离恐惧。"木秀于林，风必摧之"，这说明当一个人与群体不同时，所承受的压力会更大。人们对于群体偏离，会面临群体的强大压力乃至严厉制裁。为了不受到群体的排斥甚至是更大的处罚，个体通过从众来降低内心的恐惧。

3. 影响从众的因素

影响从众的因素有许多，包括个体自身和外部的因素。由于个体的差异很大，从众影响因素多从外部的原因进行讨论。

（1）规模的因素。一般情况下，从众会受到人群规模的影响。当制造从众的人群规模达到 4 人以上时，从众的比例会很快达到 90% 以上，如人们常见的有几个人排队，排队的人会不断增多。

（2）情景的因素。通常情况下，当情景不是很明确或者是模糊的情况下，从众的概率高，反之则较低。比如当人们不知道某新开饭店菜品的口味时，会因为门口停的车辆等原因，跟随大家去消费，反之，不会如此。

（二）暗示

暗示

1. 暗示的定义

所谓暗示，是指人或环境以含蓄、间接的方式向他人发出某种信息，而使之无意识地接受并作出相应的反应。营销活动中运用暗示对消费者的心理和行为施加影响，可以使消费者产生顺从性的反应，或接受暗示者的观点，或按暗示者要求的方式行事。如聘请名人为企业打广告；雇佣一批人拥挤摊头，造成一种"生意兴隆"的假象；看到有人排队，马上就会有人跟着盲目抢购，这是行为暗示的结果。

2. 暗示的分类

通常情况下，按照暗示时使用的手段不同，将暗示分成语言暗示、行为暗示和环境暗示。

（1）语言暗示。语言暗示是运用语言的方法、利用人们使用经验判断事情的习惯以及不愿意拒绝的心理规律，使个体在不自觉的情况下接受期待者的暗示。

（2）行为暗示。行为暗示就是利用人的从众和模仿心理，在行为上做出榜样，使其他人产生与暗示者相符的行为。

（3）环境暗示。环境暗示是将期待的行为方式置于环境中，使大家按照期待的行为去做事。

【知识窗】

无处不在的"暗示"

有一个故事：一个司机在没有星星、月亮、路灯、没有开车灯的情况下，将车停在路上，并将路上黑色的包裹捡起来。为什么？通常人们会百思不得其解。其实这是个白天，只因为在前面的暗示中提到的信息都是和黑夜有关，个体接受了暗示，按照"黑夜"的思路进行分析的。推销中也会使用这样的语言："你吃一个鸡蛋还是两个鸡蛋？是吃煎鸡蛋还是煮鸡蛋？"而不是说"你吃不吃鸡蛋"；或者是"你喜欢粉色还是绿色的外套"，而不是问"你买外套吗"。在这两种情形下，前者暗示出的信息是"要消费了"，成功率往往较高。这是利用人的习惯上不好意思拒绝的心理，使消费者接受暗示的结果。反复地看一个地方，其他人就会不自觉地随着暗示者的眼光去看。期待每个人能穿着正装，就可以事先请几个人，衣冠楚楚，让被期待者处于这样的环境下，就会使被暗示对象按此方式行事。

3. 影响暗示形成的因素

个体的经验是否与暗示的结果偶合是很重要的因素。在前面说到的例子就是因为多数人有同样的经验，星星、月亮、路灯等都是和夜晚紧密相关的，当一提到上述的词汇，和人们的经验产生了偶合，人们就会自然地把上述的情景放在夜晚进行考虑，于是就进入暗示的情景中去，暗示就发挥了它的作用。

（三）感染

1. 感染的定义

感染是指一个人在他人的影响下，产生了与他人相同或相似的情绪或情感体验的现象。比如，人处于沸腾欢呼的足球场而出现的大众狂呼不止的现象，就是受到了现场的影响而出现的情绪状态。

2. 感染的成因分析

"循环反应"是感染的最重要机制之一。在感染的过程中，别人的情绪会在个人的身上引发同样的情绪，反过来，这种情绪又会去加强对方的情绪，如此互相刺激，强化着彼此的反应。比如，在观看足球的比赛过程中，有人狂呼不止时，邻座的足球迷也可能受其感染，效而行之。

3. 影响感染的因素

人是一个社会性动物，当人的情绪和周围的环境相一致时，这个人较容易被群体接受；反之，则会受到群体的排斥。影响个体是否受到感染的原因有很多，其中个体的心境和环境的影响是关键因素。

个体的心境与周围的情绪和情感一致时，受到感染的概率要高。比如，一个喜欢音乐的人，更容易受到音乐情绪的影响，或喜或悲。环境的因素是指周围情绪的制造，比如在球场上安排好啦啦队，只要啦啦队欢呼就会使球迷产生更高涨的情绪反应。

社会影响的方式有很多，从众是对人行为上的影响；暗示则更倾向于信息上的影响；感染是从情绪和情感上对人产生影响。利用这些心理学的规律，更容易对个体施加影响。

三、文化因素对消费群体的影响

（一）文化的含义

文化的概念有广义、狭义之分。广义的文化是指人类在社会历史发展过程中所创造的物质财富和精神财富的总和。它包括风俗习惯、行为规范、宗教信仰、生活方式、价值观念以及人们创造的物质产品，等等。狭义的文化是指社会的意识形态以及与之相适应的制度和组织机构。文化在对消费心理产生影响的过程中具备文化的民族性、文化影响的无形性和文化的发展性等基本特征。

（二）不同文化与消费心理

亚文化是文化的细分，是文化的组成部分，在某种程度上比社会文化更为重要，它对消费者购买心理与行为有着更为直接的影响。

亚文化对消费行为的影响

1. 民族亚文化

不同的民族在观念、信仰、语言、文字和生活方式等方面，都有各自独特的文化特征。

2. 种族亚文化

由于不同人种在体形、肤色、发色以及瞳孔颜色方面具有很大差异，因而对其消费心理和行为必然产生一定的影响。尤其是在化妆品、服装、鞋帽、手袋、饰物等颜色的选择和搭配上，种族差异尤为突出。

3. 地域亚文化

不同地域的人，由于生活环境和文化的影响，在需要、兴趣、爱好等方面表现出明显的差异。

4. 宗教亚文化

不同的宗教有不同的教规和禁忌，而其对教徒的思想和行为有重要影响。

5.职业亚文化

不同的职业，因不同的生活、工作环境、收入水平等因素的影响，具备不同的消费心理特征。如农民将大部分的收入用于建房；教师在购买书籍、报纸、杂志等文化用品方面花费较多；演员对服装、美容、化妆品方面有较高的要求等。

（三）文化对消费者的影响

1.文化对消费者观念的影响

不同文化背景下的人们，消费观念有着很大的差别。中国人的传统习惯多属于节俭型，日常开支计划性较强，在可能条件下总希望多一点积蓄，以备将来为子女、自身养老或未来其他事项进行购买，表现为较强的储蓄心理；而欧美国家的人则喜欢挣了钱就花掉，很少积蓄或不考虑积蓄，表现为即时消费心理。

2.文化对消费者生活方式的影响

人们的生活方式与社会文化有密切的关系。一方面，文化直接影响人们的行为方式；另一方面，文化通过观念影响人们的行为。如美国人去一次超级市场要买上足够一两周的物品。因为他们中午以吃快餐为主，只有晚上才动手做饭且种类比较简单；而在我国，人们一般喜欢每天买菜，尤其对新鲜的蔬菜要求较高，且每餐饮食种类丰富。不过，近年来，由于工作节奏加快，工作单位离家太远等客观因素的影响，不少大城市的年轻人自己做饭的频率也有所降低。

> ➤　**实例链接**

海底捞美国扩张为何"水土不服"

早在 2012 年传出海底捞要在美国开设分店后，就不断有声音讨论：美国人能不能阻止海底捞？但在"只有想不到，没有做不到"的无死角服务面前，大多数人得出的结论还是：只要是地球人，就无法拒绝海底捞的服务。

然而从 2013 年 9 月初开始试营业不久，海底捞在美国的第一家分店就"水土不服"了。有媒体曝出海底捞在美国只获得 2.5 星的差评。一向低调的海底捞创始人张勇在微博上回应道："价格贵说明市场调研不足，中国产品在外应以便宜取胜。而我们在新加坡高于同行的定价小有成绩后变得有些主观，听取各方意见不足。没有英文菜单说明顾客是上帝的价值观不牢固，我们有些急于求成。"

"变态"服务，海外难吃香

海底捞在国内受追捧，国外遭冷遇，只因特色服务在美国全都用不上：老美检察员不理解为啥火锅店会有美甲服务；美国人也不太接受店家发的发卡；还有如果服务员听到顾客交谈马上表示"我们可以提供什么"，可能一分小费也得不到还要遭白眼，因为你偷听了顾客的隐私。

海底捞在美国市场的目标客户群是海外已经本土化的华人群体、亚洲人和部分欧美人，但西方和国内对服务业的理解完全不同，海底捞式的热情服务在当地很难被接受。

除此之外，由于中美对服务业的定义也不同，"变态"服务也很难复制。在国内，海底捞创始人从"以人为本"的理念出发，关注草根员工的需要和社会尊严的满足。但美国的服务员本身就受到相对体面的待遇，而且收入里面很大一部分是靠小费，所以这在美国也并不适用。

定位高端，难接地气

海底捞在美国的第一家分店位于洛杉矶富人区阿凯迪亚市，据消费者反映价格偏贵。王铖分析，海底捞在国内之所以能比一般火锅店定价更高，是因为特色服务本身带来的议价能力，但这一前提在美国市场并不存在。

火锅对欧美人来说，不符合日常饮食习惯，本身很难形成固定消费。与此同时，中餐在美国市场更多的是针对中低收入群体，因此在欧美国家，想在火锅领域维持高端路线，更是难上加难。

另一方面，面对中高端人群，就必须要用能服务好中高端人群的服务人员。最好是本地人或是融入本地社会的华裔或亚裔，但这些人对火锅非常陌生，要让他们接受火锅文化很难，让他们在一定时间内服务好这些中高端消费者更不容易。

变中国特色为美国特色

海底捞的国际化困境在于：保持本色，难以被当地人接受；抛弃特色，又失去了核心竞争力。海底捞的文化和经营理念在中国成功，但是在美国未必成功，这就很矛盾。

另一个问题来自于海底捞开直营店的高成本。餐饮的要素还包括口味、中央厨房及物流配送体系等几个关键要素，店面不成规模，做生意的成本非常高。尤其是火锅，对服务人员的要求高，但美国很多餐饮店会省掉大部分的人力成本。

海底捞要想在美国市场上成功，需要重塑竞争优势，融入美国文化，在当地做出和中国市场不一样的特色。服务一定是特色服务，但必须是当地人能理解的特色，而不是中国标榜的热情和无所不能。

（资料来源：余玥，《南方都市报》）

【案例思考与应用】

　　1. 海底捞在美国失利的主要原因是什么？

　　2. 企业应在哪些方面进行改进？

3. 文化对消费习惯的影响

　　不同文化影响下的风俗习惯，一方面规范着社会成员按一定的方式去活动；另一方面，如果有人违背了风俗习惯，还会受到社会舆论的谴责和惩罚。因此，不同的社会文化总会形成一些独特的消费行为习惯。在开发和推广产品时，一定要考虑到消费对象的消费习惯和特别要求。

【知识窗】

消费习俗

　　人们的社会活动中，由于所处时代的政治经济发展水平不同，民族的文明程度、宗教信仰以及地理位置等不同，消费习俗也千差万别，种类各异，常见的有以下几种类型。

　　（1）喜庆性的消费习俗。是消费习俗中最主要的一种形式，是人们为表达各种美好愿望而引起的各种消费需求。如我国的春节、西方国家的圣诞节等。

　　（2）纪念性的消费习俗。是指人们为了表达纪念之情而形成的消费风俗与习惯。如我国习惯在清明节扫墓，在端午节吃粽子；西方人参加葬礼习惯穿黑衣、送鲜花等。

　　（3）信仰性的消费习俗。是由于宗教信仰而引起的消费性的风俗习惯，受宗教教义、教规、教法的影响，并由此衍生而成。如由宗教信仰而引起的禁食习惯、服饰习惯或由民间各种神话传说引起的消费形式等。

　　（4）社会文化性的消费习俗。是在较高文明程度基础上形成的消费习俗。如我国的京剧、越剧、黄梅戏等，代表着不同地区的文化消费习俗。

　　（5）地域性的消费习俗。是由于地理位置的差别而形成的消费风俗习惯。就我国而言，俗语说"南甜、北咸"，反映出不同地区的消费者有不同的口味与饮食习惯。如北方人喜欢吃饺子，南方人喜欢吃汤圆等。

四、经济因素对消费群体的影响

影响消费者购买行为的经济因素包括社会经济发展水平和消费者的经济收入水平两个方面。

（一）社会经济发展水平对消费者购买行为的影响

社会经济发展水平反映了社会能为消费者提供消费品的数量、品种和质量，同时也影响着整个社会的消费结构，成为影响消费者购买方式、消费方式、消费水平的重要因素。不同的社会经济发展水平，形成不同的生活环境，又影响或形成了不同的购买行为。

2016 年麦肯锡中国消费者
调研报告

（二）消费者的经济收入对消费者购买行为的影响

每个消费者的经济收入是不同的，而且常处于变化之中。消费者个人的经济收入水平必然要影响他的消费观念和购买行为。

1. 消费者的绝对收入变化对消费者购买行为的影响

一般情况下，消费者的绝对收入增加，则购买行为向购买量、频次增加或购买价格高的耐用消费品方向发展。绝对收入降低，则反之。

2. 消费者相对收入变化对消费者购买行为的影响

消费者的相对收入变化是指消费者的绝对收入不变时，由于其他社会因素，如价格、分配等的变化引起原对比关系发生变化，而使收入发生实际升降变化。当相对收入减少时，会导致消费者改变其消费结构和消费方式，促使购买行为发生收缩性变化。

3. 消费者预期收入的变化对消费者行为的影响

消费者的预期收入的变化，也会对消费者现在和未来的购买行为产生一定的影响。当收入增加时，会增强消费信心，否则将减弱信心。

第二节　不同消费者群体的消费心理

属于同一群体的消费者，在消费心理特征、购买行为等方面具有许多共同之处。因此，企业必须研究不同群体的消费心理，这样才能有针对性地制定市场营销的战略和策略，形成竞争优势。

一、家庭消费的消费心理

家庭是人类基本的消费单位。家庭的社会地位和经济条件不仅决定了家庭的购买能力，也决定了家庭成员的需求层次和消费水平、消费结构。家庭对消费的影响，主要取决于家庭结构、家庭消费决策、家庭生命周期阶段和家庭经济收入等方面。

（一）家庭结构

家庭结构是家庭成员组成的情况，也叫家庭形态。家庭人员组成一般是指家庭人数、年龄、性别、各成员之间的关系等。

1. 家庭的构成

家庭构成主要是指家庭成员的数量、年龄、文化结构等。家庭构成情况与家庭的消费心理和消费行为有密切关系。

（1）数量结构。指家庭成员数量的多少。2016 年 1 月 1 日，我国正式实施全面二孩政策，30 多年的独生子女政策所带来的传统三口之家越来越多地被四口之家所取代。

（2）年龄结构。指家庭成员在年龄上的分布，也与家庭的数量结构有关。一般情况下家庭人口越多，年龄分布越广。

（3）文化结构。指家庭成员的受教育水平情况。家庭的文化结构一般不太稳定，一方面是因为有孩子的家庭，孩子的受教育水平不断变化；另一方面，是人们越来越注重工作以后文化水平的继续提高，致使个人的受教育水平随社会的发展而不断变化。

> **【头脑风暴及应用】**
> 二孩政策的放开，给哪些行业带来了机会？

2. 家庭结构类型

家庭结构类型一般有以下几种：①单身者或个人家庭；②尚无子女的年轻夫妇或与子女分居的老年夫妻家庭；③有子女的单亲家庭或不完整家庭；④有子女的双亲家庭或完整家庭；⑤复代家庭或延续式家庭。

3. 家庭结构对消费结构的影响

由于我国在较长一段时期内实行计划生育政策，因而家庭明显趋于小型化。家庭规模的小型化对家庭消费结构带来了重大影响。

（1）家庭小型化使消费品趋于高档化、多样化，需求量增大。如儿童娱乐用品、服装、营养品等。

（2）随着家庭规模趋小，家庭生活用品也趋向小型化。如家用炊具、锅碗等。

（3）家庭购买耐用消费品的数量、种类会增多。如房屋、汽车、家具等。

（4）食物支出结构也会发生变化。如在外吃饭的人数和次数增多，有机食品、绿色食品的消费量增加。

（5）家庭用于医疗、文化娱乐等方面的支出比重增大。

（二）家庭消费决策

1. 家庭消费决策的含义

家庭消费决策是指家庭在发挥其消费职能的范围内，从实际出发，确立所要达到的目标，选择正确的途径和方法，使预定的目标能够最大限度地实现。就一个家庭而言，收入总是有一定限度的，所以消费范围以及满足消费目标的程度也是有限的。

不同的家庭成员对购买商品具有不同的实际影响力。在一般家庭做出购买决策的过程中，我们通常可以发现家庭成员扮演着五种主要角色。

（1）提议者。即促使家庭其他成员对商品发生兴趣的人。

（2）影响者。即提供商品信息和购买建议，影响挑选商品或服务的人。

（3）决策者。即有权单独或与家庭其他成员一起做出买与不买决定的人。

（4）购买者。即实际参与购买商品的人。

（5）使用者。即真正使用所购商品或服务的人。

至于家庭中多少人充当这些角色，什么人充当哪些角色，则要根据家庭的不同和购买商品的不同而变化。

2. 家庭消费决策类型

从家庭权威的中心点角度来划分，家庭消费决策可分为以下几种类型。

（1）各自做主型。即每个家庭成员都有权相对独立地做出有关自己的决策。

（2）丈夫支配型。即家庭购买决策权掌握在丈夫手中。

（3）妻子支配型。即家庭购买决策权掌握在妻子手中。

（4）调和型。即大部分决策由家庭各成员共同协商做出。

对于不同的商品，家庭成员所发挥的决策作用也不同。如家庭食品、日用品、儿童用品、装饰用品等，女性影响作用大；五金工具、家用电器、家具用具等，男性影响作用大；价格高、全家受益的耐用消费品，文娱、旅游方面的支出，往往共同协商。孩子可在家庭购买特定类型产品的决定上产生某些影响，如对购买食品、玩具、文体用品等商品有较大影响。在我国当今的城市家庭中，妻子与丈夫有平等的经济收入，她们工作的同时又承担了更多的家务，家庭经济多为她们控制，家庭的大部分日用品及耐用消费品大多在她们的影响下购买，这在城市家庭中已成为很普遍的现象。

市场营销人员研究家庭消费中每一位成员在家庭决策中的不同作用，可以有针对性进行促销宣传，制定相应的推销策略，减少促销的盲目性。

（三）家庭生命周期

家庭生命周期是指一个家庭从建立、发展到分解整个过程所经历的生活阶段。消费心理学对家庭生命周期的分析，就是根据家庭存在的各个不同阶段，确定每一个阶段的家庭生活特征，再按照这些特征来分析消费过程和消费结构的变化。

1. 家庭生命周期的划分

根据家庭主人的婚姻状况、家庭成员的年龄、家庭规模等因素构成的家庭发展阶段来划分，一般可以把家庭生命周期分为六个阶段。

（1）单身期。即已长大成人，但尚未结婚者。

（2）新婚期。即指筹备新婚用品至结婚，建立起独立的家庭。

（3）生育期。即从生育第一个孩子至最后一个孩子。

（4）满巢期。即子女长大尚未成年时期。

（5）离巢期。即孩子成年后相继离开家庭，自主独立消费，直到原来的家庭中只剩父母。

（6）鳏寡期。即夫妇两人中的一方去世后，另一方的丧偶期。

2. 家庭生命周期中的消费变化

随着家庭生命周期的变化，家庭的需求结构、经济能力和消费水平也相应变化。

（1）单身期。大部分单身期青年，家庭无经济负担，消费以自我为中心，购买欲望强烈、易冲动，往往将收入的大部分用于自己的穿着、娱乐、交往、发展等方面的需要；小部分经济状况不好的单身期青年有储蓄的习惯，消费和储蓄都具有一定的计划性。该消费阶段前一部分消费者存在消费弹性大、稳定性差以及超前消费明显等特点，多被商家看好，已成为营销获利锁定的重要目标。

（2）新婚期。新婚期的家庭，由于处于人生的重要阶段，故其消费显示了较强的规模性、集中性、时尚性、享乐性和档次性，具有二人共同决策的特点。消费主要是商品房、汽车、家电、家居、服饰、化妆品等，具有一定的求新性和求异性。新婚产品市场也是部分商家发现商机的目标之一。

（3）生育期。生育期的家庭，由于孩子的出生，家庭开支增大，购买频率增高，购买心理随孩子的成长而发生变化，以孩子为中心，重视儿童食品、玩具、服装和教育费用开支。这一时期的消费表现出对家庭和社会的责任感。

（4）满巢期。满巢期的家庭，夫妇从青年到中年，子女逐渐长大。满巢期前期阶段随着子女的入学教育，家庭消费以子女为中心，在教育方面投资较大；后期随着子女慢慢长大成人，家庭收入达到高峰，家庭支出开始稳定，家庭有了储蓄，医疗支出下降，日用品、穿着、文化娱乐、户外消费支出上升。受年龄、阅历和经验影响，消费特点趋于理智，子女在家庭消费决策中起的作用增强。

（5）离巢期。夫妇已到老年，子女相继成家。这一时期的消费特点呈现两种类型：第一，崇尚节俭，重视储蓄，以应付外来疾病等突发事件或用于养老，实际支出比例下降。第二，购买活动开始更多地投向满足自己需要的商品，具备一定的补偿性心理，营养、身体保健、娱乐、旅游、自我修养等享乐型消费支出上升。

（6）鳏寡期。此阶段的家庭由于衰老和丧偶，生活自理能力较差，进而转向依靠子女或寻求社会性服务。家庭收入明显减少，消费能力大大下降，以满足日常生活需要和健康为主，社会交往和户外消费减少，服务性消费增加，消费决策较为慎重和稳健。

（四）家庭经济收入

消费者任何消费动机的实现，或是生理、心理需要的满足，都要有经济收入作基础，因此，家庭经济收入制约着家庭与个人的购买能力、购买方式、消费结构和生活习惯等。

根据消费结构中生存、享受、发展三种属性进行分类，由于家庭收入高低的不同，家庭可以分为以下几种类型。

1. 生存消费型家庭

这类家庭用于生存资料消费开支占绝大部分。他们所消费的消费品质量不高，以维持正常生活为标准，文化精神方面的消费比重小，家庭消费内容单调。

2. 生活享受型家庭

这类家庭在物质生活方面向高、精方向发展，享受资料的消费在家庭消费资金中占相当大的比重；文化精神消费欲望强烈，家庭消费内容比较丰富。

3. 生活发展型家庭

这类家庭消费内容已达到相当丰富的程度，开始追求高质量、高品位的物质、文化精神方面的消费，发展型消费资料的消费在家庭消费支出中已占非常大的比重。

二、不同年龄阶段的消费者群体的消费心理

按照年龄指标，消费者可以分为婴幼儿消费者群体（0～3岁）、少年儿童消费者群体（4～18岁）、青年消费者群体（19～35岁）、中年消费者群体（36～55岁）、老年消费者群体（56岁以上）五类。

在上述五类消费者群体中，婴幼儿消费者群体非常特殊，他们是使用者，却不是决策者或购买者，决策者和购买者是其父母、亲属等，所以以下仅介绍后四类消费者群体。

（一）少年儿童消费者群体的消费心理特征与营销心理策略

少年儿童消费者群体消费心理主要是指学龄前期到学龄中期的消费者的需求与购买心理。随着二胎政策的推出，我国少年儿童所占人口将有一定的上升趋势，是一个广阔的市场。

消费者群体

1. 儿童消费者群体的消费心理特征

（1）从纯生理性需要逐渐向带有社会内容的需要发展。所需购买的消费品在花色、样式上逐渐增加个人的意识；在消费过程中逐渐形成对所接触的消费品的评价意识，初步形成自己选择消费品的目标思维，并逐渐具有列举出一定购买理由的能力。

（2）从模仿性消费逐渐向带有个性特点的消费发展。随着年龄的增长，自我意识不断形成，儿童的消费心理逐渐由模仿性消费心理，向按照自己的需求愿望、带有个性特点的消费方面发展，提出自己的购买选择和要求。

（3）消费情绪从很不稳定向稍微稳定发展。随着年龄的不断增长，接触社会消费实践、知识、经验等不断增加，其消费心理逐步成熟，调节与控制自己情感的能力也在不断增强。

（4）对消费品的购买行为逐渐从依赖型向独立型发展。学龄前儿童的消费开始有着极强的依赖性。当儿童进入学龄期后，便逐渐具备了独立购买的能力，向独立型发展。

（5）儿童消费品中娱乐用品的消费比重较大。为了满足儿童玩耍这一生理和心理需要，父母们会毫不吝啬地为孩子们购买各种玩具、娱乐性和知识性的儿童读物，以及光顾各种儿童娱乐场所。

2. 少年消费者群体的消费心理特征

（1）喜欢与成人比拟。少年在主观上渴望同成人一样独立地掌控自己的消费，尽量争取自己独立的消费行为以实现自己的消费个性，满足自己的生活习惯、兴趣爱好等需要。

（2）购买独立意识逐渐形成。由于社会阅历的增加，少年在消费中有意识的思维和行为增多，能较自觉地进行比较、分析、鉴别等抽象思维活动，对所想购买的商品做出一定的判断，从而对某种商品产生较稳定的认识，并逐步形成自己的购买习惯。

（3）消费意识方面的矛盾性增强。在少年期，一方面受家庭的影响，消费活动受到限制；另一方面，由于对社会的接触，参加集体活动等逐渐增多，他们的独立性和自主性增强，消费观念和消费决策逐渐转向受集体、群体及同龄人的影响。

（4）为满足成长性需要的消费所占比重增加。如为增强体质购买运动器材；为学习知识购买书籍、用品以及参加各种学习培训班等。

➤ **案例链接**

迪斯尼公主吸金 80 年

2016 年 6 月 16 日，等待了 15 年、造价 55 亿美元的上海迪斯尼乐园盛大开园，首日客流量保守估计接近 3 万人次。园中，最受女孩欢迎的就是盛装打扮的迪斯尼公主们，而来自《冰雪奇缘》的艾莎女王和安娜公主更是明星中的明星。很多小女孩穿着艾莎代表性的蓝裙子，亲身体验当公主的快乐。

要说世界上最具影响力的女子偶像组合，第一绝对是迪斯尼旗下的公主们。自 1937 年迪斯尼推出全球第一部动画长片，也是迪斯尼第一部公主系列电影《白雪公主和七个小矮人》，到 2013 年《冰雪奇缘》问世，迪斯尼迄今已经制作了 12 部公主系列动画电影。

在这 80 年间，13 位经过官方"加冕"的公主成为迪斯尼动漫王国的重要代言人，在全球范围网罗了一代又一代怀着"公主梦"的粉丝，为迪斯尼商业帝国带来巨大的收益。如图 4-1 所示。

图 4-1 迪斯尼公主们

2013 年 11 月 27 日首映的动画电影《冰雪奇缘》及其两位主角艾莎和安娜当属其中最成功的例子。该片除拿下金球奖以及奥斯卡最佳动画大奖，还为迪斯尼带来了高达 12.7 亿美元的票房收益，成为影史上最卖座的动画电影。Elsa（艾莎）这个名字甚至成了全美最受欢迎的名字之一。

迪斯尼借势推出无数《冰雪奇缘》系列衍生品，有些还创造了难以置信的销售奇迹，瞬间销售几百万张的原声唱片，震撼了平静的音乐市场。电影中安娜和艾莎所穿的"公主裙"，2014 年一年便在全美卖出 300 万条。按照每条裙子售价 149.95 美元计算，光卖裙子，迪斯尼就获得了约 4 亿美元的收入。万圣节时期，敲门索要糖果的小女孩们很多都穿着艾莎公主标志性的冰蓝裙。

《冰雪奇缘》掀起的热潮不仅席卷美国。它的影响力很快渗透到上映过这部电影的每一个国家。如果你有个女儿，或者身边人有女儿的话，就会发现日常生活中多了两个公主和一首不断循环的背景歌曲 Let it go。而在全球市场上，艾莎和安娜相关衍生品的需求和销售也呈持续增长的趋势。

数年前上海迪斯尼乐园动工建设时，《冰雪奇缘》还没上映。但由于该电影在中国市场太火爆，在建设后期，园方特意增加了冰雪奇缘剧场。根据开园后的游览数据，该剧场的确深受欢迎。

美国零售业联合会发布了一项调研报告，称《冰雪奇缘》的安娜和艾莎打败了美泰旗下以金发碧眼时尚少女为标志形象的芭比娃娃，成为最受小女孩欢迎的玩具。这是自该调研开始的 11 年后，芭比娃娃第一次被拉下冠军的宝座。

（资料来源：ZOL 新闻中心）

【案例思考与应用】

查阅资料，目前市场上有哪些迪斯尼公主的衍生品？

3. 少年儿童用品市场的营销心理策略

（1）区别购买与消费对象，采用不同促销方式。在少年儿童用品市场中，许多商品购买者是其家长，消费者是少年儿童。在不同的年龄段，少年儿童的购买心理对家长的影响是不同的。

①学龄前的儿童，一般由家长和其他长辈作为其消费品的主要购买者，参与购买可能性较小。企业在商品的开发、设计、制造过程中，在定价策略的选择中应从年轻父母的消费心理出发，考虑儿童的实际需要。

②3 岁以后的少年儿童，有了一定的认识、比较和辨别事物的能力，购买活动虽然仍是由家长决定，但在儿童用品、图书等的商品选择上，参与购买、表达喜爱与否的心理直接影响着家长的决策。所以，该类商品的生产和销售要充分考虑少年儿童的特点，在商品陈列、展示和促销活动中，应将吸引少年儿童的注意力、刺激其购买欲望放在突出的位置上。

（2）改善商品的外观形象，发挥商品的直观形象作用。改善商品的外观形象，主要是为了刺激、引导少年儿童的购买心理，促成购买行为。对生产企业和经销商而言，为了吸引少年儿童注意力，刺激其购买，要从其心理出发，文具、书包的外观形状和色彩设计要丰富多样、生动活泼。但从家长的消费心理考虑，还要注重商品的质量、实用性、价格等因素。

（3）建立商品品牌形象，提高品牌忠诚度。建立商品品牌形象，是为了使少年儿童加深对商品的印象，使其成为忠诚的顾客。在市场营销中，企业要面向少年儿童，特别是商标图案、品名、色彩、广告宣传要针对少年儿童的心理偏好进行设计，好懂易记、使少年儿童热爱喜欢，使其能够对品牌产生深刻的印象。

（4）注重满足消费者的多元化消费。随着生活水平的提高和社会竞争的加剧，消费不断趋向多元化。商家应不断丰富商品的功能，挖掘市场潜力，满足不同少年儿童的多样化需求。

（二）青年消费者群体的消费心理特征与营销心理策略

青年是人生中从少年向中年过渡的阶段。这个阶段的青年或者继续在校深造，或者就业。青年向中年的过渡期一般是 35 岁左右的年龄阶段。

青年消费者群体的消费心理特点

1. 青年消费者群体的消费心理特征

（1）追求时尚，强调实用。青年消费者中消费层次不同，其中有生活尚未完全独立的大学生，有收入各异、不同职业的青年。他们对新产品的追求具有三个特点：一是能反映时代潮流与风格；二是符合科学技术的要求；三是合理适用，货真价实。

（2）意愿强烈，需求多样。青年正处于人生的成熟期，青年后期经济独立，能按照自己的意愿支配收入，会买自己喜欢的商品。同时，他们对许多商品形成自己的购买模式和品牌依赖。

（3）消费能力相对最强。青年处在消费高峰时期，同中老年比，他们的收入水平并不高，但经济收入中直接用于自身消费的比重最大，消费能力相对最强。如有些青年收入高，从名牌服饰到高级赛车，从专业摄影器材到出国旅游，几乎都成了他们追逐的消费目标。

（4）消费倾向标新立异。青年在消费中求新、求名、求美、求洋的心理动机强烈，喜欢标新立异，要求商品有特色，能表现个性。如他们常常是手机、音响、照相机、化妆品和时装的最大购买者。

（5）冲动购买，计划筹款。青年人在购买过程中思想酝酿时间比较短，具有果断、迅速和反应灵敏的特点。但消费仍具有一定的计划性。如有些青年人为了满足个人欲望，购买名牌服饰、高档首饰等高档消费品，他们可以省吃俭用来筹款，以便实现自己的计划目标。

（6）注重情感，直觉选购。与中老年消费者相比较，青年人在购物中，情感和直觉起着重要作用。他们特别看重商品的外形、款式、色彩、品牌，凡能满足他们的个人需要，就产生积极的情感，从而偏爱、购买。

【知识窗】

特立独行的"网生一代"

在中国，年轻一代的互联网用户（20～29岁）人群在2014—2015年期间达到用户规模的峰值，此后因生育率持续降低等原因开始逐步趋于下滑。另一方面，10岁以下的互联网用户从2014年至2020年也持续增长。90后与互联网相伴而生，已成为"网生一代"。

与80后人群不同，年轻的"网生一代"成长于更加优越的环境，更加追求个性、趣味性和独特的精神文化享受。他们对数字内容消费的需求强劲，愿意为优质内容付费，也乐于进行分享互动。这为知识共享平台带来了发展的机会。"网生一代"更容易被冲突性、对抗性强的内容所吸引，这也让诸如"奇葩说""吐槽大会"这样幽默犀利的节目名噪一时。

就消费观而言，"网生一代"更加追求个性和趣味性，消费行为的主观性也更强。品牌要想得到他们的认同，就要洞察他们的心理，迎合他们的"High点"。例如，东鹏特饮就抓住"网生一代"爱追剧的特点，持续借力《老九门》《高能少年团》《人民的名义》等热门大剧，进行与剧情无缝融合的场景植入，虽然广告很硬，却也增加了看剧的乐趣，成功网粉不少"网生一代"。

（资料来源：陈喆《新营销》2017年8月）

2. 青年用品市场的营销心理策略

（1）满足多层次的心理需要，刺激产生购买动机。企业开发的各类商品，既要具备实用价值，更要满足青年人社会交往、自尊、成就感等多层次的心理需要。如个性化的产品使青年人感到自己与众不同，受人关注；品牌服饰会增强拥有者的成就感和社会地位感，受到青年人的青睐。此类产品的开发会使企业赢得更大的市场。

（2）开发时尚商品，引导消费潮流。青年人学习和接受新事物快，富于想象力和好奇心，因此在消费上追求时尚、新颖。企业在产品的开发、设计过程中，要针对青年人的心理注重开发时尚产品，使青年人能迅速接受新产品，以推动消费潮流。

（3）注重个性化产品的生产、营销。个性化的产品、与众不同的商品因被青年人所青睐而大受欢迎，企业在产品设计、生产中，要改变传统思维方式，面向青年人开发个性化产品。尤其是服装、装饰品、手机等商品，要注重个性化的设计，寻求特性，以树立消费者的个性形象。

（4）推出同类不同档次商品，满足不同收入水平青年人的需要。青年人由于职业、收入水平不同，分属不同的消费阶层，他们在商品的购买上表现出一定的差别。企业在开拓青年市场时，要考虑到这些不同的特点，生产不同档次、不同价格、面向不同收入水平人群的同类产品，以满足不同收入水平青年人的需要。

（5）做好售后工作，推动市场开拓。青年人往往是新产品的率先选用者，在购买后，就会即时把他的购买预期与产品性能进行比较。企业在售出商品后，要收集相应信息，了解顾客反应，以及时改进产品；同时，要及时处理好顾客投诉，以积极的态度解决产品中存在的问题，使青年消费者感到满意，进而接受产品和企业的服务。

> **实例链接**

爱奇艺＆小茗同学"我去上学啦"

小茗同学"我去上学啦"

　　2015 年是统一企业新品冷泡茶"小茗同学"的面市首年，"小茗同学"急需打响知名度，抢占 95 后校园市场。通过对 95 后学生族群的深刻洞察，统一企业坚定贯彻了要与 95 后"玩"到一起的营销策略。那么在哪里才能精准触达 95 后目标群体的"嗨点"，以何种方式能够与他们迅速打成一片？

　　爱奇艺为"小茗同学"创造了一个可以和目标群体玩到一起的内容场景——"我去上学啦"节目（如图 4-2 所示）。在明星真人秀风靡的当下，爱奇艺推出的"我去上学啦"定位于青春与校园，借助综艺娱乐这一载体引发人们对校园主题的关注，在捧腹大笑中带给观众更多思考：90 后对个性彰显的共鸣，80 后对青春时光的怀念，70 后对教育体制的探讨。

图 4-2　小茗同学"我去上学啦"广告

　　通过与综艺节目深度植入的创新形式，小茗同学的品牌力和销售力都得到大幅提升。播出前后品牌的认知度和回想度飙升 364.3%，品牌喜好度和购买倾向指数均超预估值一半以上，带动小茗同学销售破 8 亿。

另外，"我去上学啦"也在情感上拉近了品牌与目标消费者的距离。节目里明星与学生们的互动带领大家认识了不一样的小茗同学，也让小茗同学与大家共同见证了95后不一样的青春。而在这个过程中，小茗同学逐渐成为95后自我想法的搭载物，品牌形象成功进入年轻群体内心。

【案例思考与应用】

　　查阅资料，小茗同学的产品销售状况如何？其主要抓住了95后的哪些消费心理特征？

【头脑风暴及应用】

　　你和你周围的同学日常消费最多的饮料产品有哪些？这些产品在营销推广中如何抓住了青年人的消费心理？

（三）中年消费者群体的消费心理特征与营销心理策略

　　中年期是由青年向老年过渡的时期。中年消费者群体在家庭中是购买商品的决策者，是消费的骨干力量。

1. 中年消费者群体的消费心理特征

　　（1）购买的理智性胜于冲动性。中年人的这一心理特征表现在购买决策心理和行为中，他们在选购商品时，很少受商品外观因素的影响，而比较注重商品的内在质量和性能。他们往往经过分析、比较以后，才做出购买决定，尽量使自己的购买行为合理、正确、可行，较少有冲动、随意购买的行为。

中年消费者群体的消费心理特点

　　（2）购买的计划性多于盲目性。中年人虽然掌握着家庭中大部分收入和积蓄，但既要赡养父母，又要养育子女。多数人懂得量入为出的计划性消费原则，开支很少像青年人那样随便和盲目。因此，中年人在购买商品前常常对商品的品牌、价位、性能有所要求甚至在购买的时间、地点上都做了妥善安排，做到心中有数，很少会计划外开支和即兴购买。

　　（3）购买求实用，节俭心理较强。中年人不再像青年人那样追求时尚，更多的是关注商品的结构是否合理，使用是否方便，是否经济耐用、省时省力，能否切实减轻家务负担。商品的实际效用、合适的价格与较好外观的统一，是引起中年消费者购买的动因。

　　（4）购买有主见，不受外界影响。由于中年人经验丰富，对商品的鉴别能力很强，大多愿意挑选自己所喜欢的商品，对于营销人员的推荐与介绍有一定的判断和分析能力，对于广告一类的宣传也有很强的评判能力，受广告这类宣传手段的影响较小。

（5）购买随俗求稳，注重商品的便利。中年人不像青年人那样个性化消费，他们更关注别的顾客对该商品的看法，宁可放弃个人爱好而表现得从众，喜欢买一款大众化的、易于被接受的商品。同时，由于中年人的工作、生活负担较重，故而十分欢迎具有便利性的商品。

2. 中年用品市场的营销心理策略

中年消费者购买力强，购买活动多，购买商品多样。争取这部分消费者，对于拓展企业市场、扩大销售具有重要意义。

（1）注重培育中年消费者成为忠诚顾客。中年消费者在购买家庭日常生活用品时，往往是习惯性购买。经营者要满足这种心理需要，使其消费习惯形成并保持下来。不要轻易改变企业长期形成的历史悠久的商品品牌包装，以免失去消费者。商品的质量标准和性能价格比，也不要轻易变动。

（2）在商品的设计上要突出实用性、便利性，提供良好的现场服务。中年消费者追求商品的实用性、便利性。市场营销者应根据中年消费者的消费习惯，提供各种富有人情味的服务。如提供饮水、休息、物品保管、代为照看小孩等服务。

健力宝2014年新春温情微电影

（3）重视售后服务。中年消费者购物后发现问题，多数会直接找经营者解决，而且态度坚定，理由充分。经营者应切实帮他们解决问题，冷静面对，切忌推诿、扯皮，不负责任，否则会失去忠诚顾客。

（4）促销广告活动要理性化。面向中年消费者开展商品广告宣传、现场促销活动，要个性化，靠商品的功能、效用打动消费者，靠实在的使用效果、使用者的现身说法来证明。

（四）老年消费者群体的消费心理特征与营销心理策略

据国家统计局数据统计，2020年我国60岁以上老年人口已超过2.5亿，占总人口的18.1%。而且据有关部门预测，到2035年，老年人口将达到4亿。因此，开展对老年消费者心理与行为特点的研究是非常重要的。

1. 老年消费者群体的消费心理特征

（1）消费习惯稳定，消费行为理智。老年消费者积累了多年的消费经验，形成了怀旧心理强烈、品牌忠诚度高的消费习惯。同时，老年人的消费观念较为成熟，消费行为理智，冲动性消费和目的不明的消费相对较少。

（2）商品追求实用性。老年人有着丰富的生活经验和选购商品的经验，挑选商品时注重商品的质量，强调质量可靠、方便实用、经济合理和舒适安全，至于商品的品牌、款式、颜色和包装是次要考虑因素。

（3）消费追求便利，要求得到良好的服务。老年人购买商品时，追求方便的心理较强，希望购买场所交通方便，商品标价说明清楚，陈列位置和高度适当，便于挑选，购买手续简便，服务热情、耐心、周到。同时要求商品能易学易用、方便操作，减少体力和脑力的负担。

（4）消费需求结构发生变化。随着生理机能的衰退，老年消费者的需求结构发生变化。保健食品、医疗保健用品、养老及服务的支出增加。在穿着类和其他奢侈品方面的支出大大减少，满足个人嗜好和兴趣的商品支出有所增加。

（5）较强的补偿性消费心理。在子女成家立业，没有了过多的经济负担后，部分老年消费者产生了较强的补偿性消费心理，在营养保健食品、健身娱乐和旅游观光等商品的消费方面，有着与青年人相似的强烈消费兴趣，以补偿那些过去未能实现的消费愿望。

2. 老年用品市场的营销心理策略

老年用品的消费对象是老人，但购买者既可能是老人自己，也可能是晚辈子女、孙子孙女等，因此，研究老年用品市场，应注意采用以下心理策略。

（1）开发适合老年人需求的各类商品。老年消费市场广阔，消费潜力大，目前市场上真正适合老年人的商品品种仍显单调，大有潜力可挖。如可专为老年人生产各种食品、保健品并直接面向老年人销售；挖掘传统产品并赋予时代特色，更能适合老年人消费心理。

（2）重视全方位的良好服务。在销售老年人用品时，应提供良好的专门服务场所，以满足老年人心理上所要求的方便、舒适的购物环境，并提供亲切、体贴的服务。营销人员要满足老年人自尊的心理要求，耐心、热情地提供服务。

（3）开展对老年人及其子女的双重促销。促销活动不但要针对老年人，还可以针对老年人的子女。有些商品，如老年人健身用品、营养品等，不但可以面向老年人设计广告，还可以面向青年人，提倡尊老敬老的社会风尚，激发青年人孝敬老人的心理，从而产生购买行为。因此，老年用品的广告面向青年人，也常能取得较好的销售效果。

【头脑风暴及应用】
根据以上对老年消费者群体的消费心理分析，观察目前市场上存在哪些老年产品的商机。

三、不同性别的消费者群体的消费心理

（一）女性消费者群体的消费心理特征与营销心理策略

国家统计局发布的数据显示，2019年中国大陆总人口140 005万，女性人口68 478万，总人口性别比为104.45（以女性为100）。如此庞大的基数使女性在消费市场中具有举足轻重的作用。此外，女性消费者在购买决策中又具有特殊的作用，是家庭日常消费的主要购买者。

女性消费者群体的消费心理特点

1. 女性消费者群体的消费心理特征

（1）注重商品的外观形象与情感特征。女性购买决策容易受商品外观的诱惑，动人的广告画面、美观的商品包装等直观因素都能激起女性消费者的内在情感，产生购买欲望。

（2）注重商品的实用性与实际利益。女性在购买商品时，购买动机相对更为强烈，注重商品的经济实用性，同时注重实际利益这种心理意识也较突出。

（3）注重商品的便利性与生活的创造性。在我国，女性就业率高，在家忙家务，在外忙工作，因而对日用消费品和主副食品的方便性要求日益强烈。同时，女性又喜欢通过自己创造性的劳动使生活更丰富、家庭更美满，一些半成品就满足了这种需求。

（4）有较强的自我意识与自尊心。女性消费者常常以购买什么、喜欢什么、使用什么这些标准来分析别人、评价别人，分析自己、评价自己。还喜欢以个人的好恶标准作为对商品的评价标准，希望自己周围的小群体也同意这一标准。

（5）挑选商品通常是"完美主义者"。女性消费者总希望商品能百分之百地符合自己的心愿。所以，她们在购买商品时，选择时间长，观察仔细，而且经常能发现一些料想不到的小毛病，表现出"吹毛求疵"的特点。

（6）现代科技产品的消费主力。据统计，全球每天有18亿张照片被分享到互联网，其中很大比例为女性自拍照。主打自拍的手机、自拍APP、可穿戴设备等都受到女性关注，女性消费者变身为"科技红颜"，"科技红颜"的崛起不仅让手机产业的创新围绕女性，更催生了一系列周边的产品或服务。

2. 女性用品市场的营销心理策略

现代女性消费者具有普遍的时尚心理和强烈的自我表现意识，在消费行为中注重表现自身的时代感，崇尚流行与时髦，通常会表现出较强的从众性或创新性。针对女性消费心理与行为特征，相应的营销策略主要有以下几点。

（1）销售环境布置要典雅温馨、热烈明快，具有个性特色。

（2）商品外观与包装设计、广告要注重细节，色彩、款式、形状要体现流行、时尚，并且使用方便，以最大限度地吸引女性消费者的注意。

（3）注意开展多种形式的促销活动，巧妙利用口头传播渠道，注意传递商品的实用性、具体利益等信息，传递有关商品的质量、档次、时尚的信息，传递商品的品牌、性能、价格等方面的信息，激发女性消费者的购买欲望。

（4）强化销售服务，提高服务水平，讲究语言、服务艺术，以满意的服务促进销售。

（二）男性消费者群体的消费心理特征与营销心理策略

据 2019 年国家统计局人口统计数字，我国男性人口 71527 万，如此巨大数量的消费对象，使男性用品市场也相当广阔。但相比女性消费品市场，男性用品市场的结构较为简单。

男性消费者群体的消费心理特点

1. 男性消费者群体的消费心理特征

（1）购买行为的目的性与理智性。与女性相比，男性很少逛商店，他们常常在需要时才产生购买动机，所以他们购买目的性很强。另外，男性比女性更善于控制自己的情绪，在购买活动中心境变化比女性小，因而更具有理智性。特别是购买高档商品时，他们更注重商品的性能、质量、品牌及维修等。

（2）购买动机形成的迅速性及被动性。男性的购买动机一旦形成，购买行为就比较果断、迅速。他们一般不愿在柜台前长时间挑选，能够果断地做出购买决策。男性购买动机的被动性主要体现在购买动机的形成往往是由于缺乏购物经验而受到外界因素的影响，如家人、朋友的嘱托等。

（3）购买过程的独立性与缺乏耐性。对熟悉的商品或已决定要购买的商品，男性消费者在购买时表现出更多的自信，不易受外界的影响。与此同时，他们在购买过程中缺乏耐心，表现为对商品挑选不仔细、不愿意讨价还价、不愿意在商店或柜台之间进行比较和衡量。

（4）购买商品的性别特征明显。男性消费者购买的商品具备明显的性别特征。如特别关注与烟、酒、汽车、体育赛事、娱乐、科技等相关度高的商品和充满粗犷、阳刚、力量等男性化特征的商品。同时男性往往对能显示其权力和地位的商品情有独钟。

2. 男性产品市场的营销心理策略

男性消费者在购买商品前一般注意对有关资料进行收集，经过自我分析和判断后才会做出购买决策，不轻信口头信息传播，有主见，有魄力，一旦做出购买决定会毫不迟疑地实施。

针对男性消费者群体的特点，企业应采取的营销策略是：

（1）注意商品内在价值与外在价值的统一，以完善的商品吸引这类消费者。

（2）注意品牌形象的塑造，争创名牌，巩固名牌地位。

（3）注意商品信息传播的科学性与完整性，尊重消费者的自我判断。

【头脑风暴及应用】

有人曾说女性购物是"采集者"，男性购物是"狩猎者"，如何理解？

四、网络消费者群体的消费心理

近几年，阿里巴巴中国零售平台交易数据显示，在社会消费零售总额增速平缓下滑的状态下，网络消费成为增长主力，二、三线城市增速超越一线城市，同时农村电商也在飞速发展，拉动农村消费。

目前，网络消费者的消费心理与以往相比呈现出新的特点和发展趋势，主要表现为以下几个特征。

1. 热衷于上网消费

如今上网查询商品信息、上网购物已不再是单纯赶时髦，而是网络消费群体日常消费方式的一部分。商家通过搭建网络销售平台，为消费者提供了更加便利的网上购物渠道，从而激发了网络消费者对电子化方式购物的参与热情，确立了网络时代的消费者行为。

2. 冲动式购买大量增加

在社会分工日益细化和专业化的趋势下，即使在许多日常生活用品的购买中，大多数消费者也缺乏足够的专业知识对产品进行鉴别和评估。网络中的某些商品信息，常会导致某些网络消费者在短期内进行冲动式购买，导致许多具有极强的冲动性的商品购买行为。

3. 对便利的要求更高

随着生活节奏的加快，人们对于日常生活用品的购买，不仅要求质量好、价格合理，而且要求方便、快捷，以节省时间。现代物流技术的采用，加快了商品的物流速度，使消费者可以通过网络，更加广泛地了解市场商品性能及价格信息，确立消费目标，选择对自身最为便利的消费方式。

4. 消费主动性增强

在许多日常生活用品的购买中，尤其是一些大件耐用消费品的购买，消费者会主动通过网络上各种可能的途径获取与商品有关的信息并进行分析比较，这些分析也许不够充分和准确，个体消费者却可从中获取心理上的平衡，以减少购买后的后悔感，增加对于产品的信任，并争取心理上的满足。

5. 追求名牌产品消费

品牌效应早已深入人心，购买名牌产品已成为人们消费的一种时尚。许多产品都积极地通过网络打造自己的品牌。消费者可以通过网络更加广泛地了解名牌产品的各方面信息，或对诸多名牌产品的性能价格进行比较，以确定他们的消费决策。

6. 消费的个性化日益突出

如今消费者的消费已不再是盲目地跟随潮流，而是向着个性化方向发展。消费者可以通过网络更快、更全面地了解某一商品的市场价格、性能、售后服务等方面的信息，对一些最新出现的个性化商品，可以通过网络的便利条件，确定消费行为，为自身的个性化消费找到决策的依据。

城市消费者群体的消费心理特点　　农村消费者群体的消费心理特点

➤ 知识练习与思考

1. 消费群体的常见分类方法有哪些？

2. 家庭生命周期分为几个阶段？各阶段的消费特点有哪些？

3. 谈谈男性、女性消费群体的消费心理特征及企业营销策略。

4. 谈谈青年、中年和老年消费群体的消费心理特征及企业营销策略。

➤ 案例分析与应用

5 个策略成功圈粉 90 后

56 岁的高端冰激凌品牌哈根达斯，将其包装、logo、全球店铺全部换新，从奢华贵妇风变为简单清新风。宝马 MINI 在微信公众号"黎贝卡的异想世界"进行新车首发，4 分钟卖出 100 辆，总价 2850 万元。网易新闻和饿了么在上海开了间"丧茶"快闪店，刷爆社交网络。这些品牌、机构或大刀阔斧、大胆尝鲜，或脑洞清奇、风格突变，其目的都是吸引年轻人的关注。

"年轻人"是一个内涵和外延都极度广阔的词汇，"90 后""95 后""千禧一代""Z 世代"都是它的近义词。这是一个浑身上下被贴满标签的人群，同时也是一个厌恶和抵触标签的人群。他们充满矛盾、不按常理出牌，常常令品牌感到困惑。根据波士顿咨询公司数据，中国消费市场在 5 年内将有 2.3 万亿美元的增量，而其中 65% 都将由 80 后、90 后及 00 后带来。类似的数据说明：这是一个必须想尽各种办法拉拢的群体。

企图将年轻人标签化是一种看上去有些偷懒的行为，但从营销角度出发，对这一消费群体进行洞察极有必要，这是获取消费能力强、消费心态开放的优质增量用户的前提。

一、后喻时代：90 后成话语体系领导者

美国社会学家玛格丽特·米德在其著作《文化与承诺》中，将人类社会划分为三个时代："前喻文化""并喻文化"和"后喻文化"。在"前喻文化"中，晚辈向长辈学习知识和经验；在

"并喻文化"中，晚辈、长辈的学习都发生在同辈人之间；而在"后喻文化"中，由于知识和经验更替的速度加快，则出现了长辈向晚辈学习的状况。

90后、95后与互联网相伴而生，他们对信息的获取更加熟练、高效，加之对新鲜信息的开放心态，让他们成为"后喻时代"的被学习者，成为流行话语体系的发明者和发酵者。

在"后喻时代"的背景下，"我开心就好"的90后、95后放飞自我，创造着生词，而有些心虚的70后、80后则表现出追捧的姿态，成为学习者和推波助澜者。

这一现象给营销人带来了前所未有的挑战，在话语体系方面年轻人群越来越难"被引导"和"被取悦"了。他们总是能第一时间发现，甚至是制造新鲜、有趣的概念。这让大量平庸的商品和营销失去立足之地，只能得到"不感兴趣"的评价。

策略：和年轻人一起放飞自我，或比他们更放飞自我

二、标准"精享族"：喜欢为"小确幸"买单

90后不喜欢上纲上线，不喜欢严肃、平庸和脸谱化，他们甚至不仅只"看脸"，比起前辈们，他们是更理智和精明的消费者，也是"消费升级"背景下的尝鲜者和"精享族"。

"精享族"概念由谷歌于2016年首次提出，它是指崇尚"精明消费，享受生活"价值观的人群。这一人群上网时间长，愿意为挑选高品质的商品付出较高的时间和金钱成本；他们会为了弄懂洁面乳的功效而去辨别皂基和氨基酸；会为挑对家具去学习卯榫结构；会为了买只扫地机器人把市面上所有品牌的评价全部浏览一遍……

在消费升级的趋势下，年轻人不再从货架上随便捡起一个品牌或一件商品，他们也不愿意听到诸如"让生活更有品质"这类空洞的口号，他们更喜欢实用和人性化的细节设计，喜欢那些能带来"小确幸"的产品和营销。

策略：情怀牌要省着打，消灭"小确丧"才是王道

情怀或许也能打动"精享族"，却未必能让他们松开捂住钱袋子的手。形而上的情怀需要在产品和服务上落地，才能让90后感觉到诚意。能够帮助90后解决"小确丧"的产品和服务，才是获得"精享族"认同的正确姿势。

相比于把价格昂贵与否、出身名贵与否作为衡量商品和服务品质的前辈，90后更关注那些看似琐碎，不解决也不会有大碍的问题，这恰恰是能给他们带来"小确幸"的地方，也是他们对生活品质高低的衡量指标。360智能家居近期推出的360安全夜灯、智能门锁等产品就是抓住了类似"晚上起夜开灯刺眼""推拉式门把手""卫生间信号太差，上厕所玩手机打不开网页"这种"小确丧"的问题，制作了解决年轻人生活痒点的智能家居产品。这种从年轻人恐惧、厌烦等小情绪出发的营销策略，不仅仅说清楚了产品的具体功能，也从情感的角度充分宠溺了容易为小事焦虑的90后。

三、心智低龄化是表象，"中年危机前置"是真相

在电影《猜火车》里，青年人马克觉得中年人的生活千篇一律，充斥着矫揉造作，并对此充满不屑和厌恶：选择生活，选择工作，选择职业，选择家庭；选择电视、洗衣机、激光唱机、电

动开罐机；选择健康，低卡里路、低糖；选择固定利率房贷；选择朋友；选择运动服和皮箱；选择一套三件套西装……以至于在星期天早上，搞不清自己是谁。

与马克不同的是，现在的年轻人对严肃与极端并不感冒，他们喜欢自称"宝宝"，喜欢用表情包代替文字，用二次元覆盖现实。这一切，都让这个群体看上去与传统意义上的成熟稳重大相径庭，折射出心智低龄化的倾向。但另一方面，90后已经开始感受到"中年危机前置"的困扰：他们热衷于在朋友圈分享健身打卡，愿意为知识付费，偏爱散发着"消费升级"气息的商品，处理恋爱和人际关系有些心有余而力不足，对职场发展充满焦虑，对房价感到绝望……只不过，这一代的年轻人不喜欢血淋淋的抵抗，而是选择丧丧地向世界撒娇。

近年来流行的"丧"、玩世不恭的"嘻哈"等流行文化，不过是年轻人精神的一个壳，而被这个壳包着的，是与中年人如出一辙的焦虑。这也是负能量营销得以大行其道的原因。它们一方面直指年轻人心底的焦虑，引发他们强烈的情感共鸣，同时又必须披上丧、吐槽、幽默等外衣，软化这种焦虑，让年轻人可以以自嘲的姿态接受扎心的事实。

策略：以卖萌、耍贱、丧丧的姿态，委婉地宣泄焦虑

就像在过去几十年中，日本三丽鸥公司的"头牌明星"一直是温顺、可爱的 hello kitty，她甚至没有嘴巴，给同时代的年轻人带去正能量的治愈。然而近年来，情况却发生变化，一颗性别不明、体态软糯、表情颓丧的"蛋黄哥"成为年轻人的新宠，以一种慵懒、萌贱的姿态圈粉无数。如图 4-3 所示。

图 4-3　蛋黄哥

如果说 hello kitty 是一位精致的淑女，蛋黄哥就是一个邋遢的废柴少年，它以一种幽默的姿态帮助年轻人宣泄"中年危机前置"的焦虑感，符合了他们心灰意懒但又能自寻乐趣的情绪，成为新一代的卡通网红。

四、"即时"一代：IWWIWWWIWI 心理是常态

90后是"即时"的一代：QQ、微信让他们能随时随地与外界交流信息、分享动态并收到反馈；外卖 App 让他们用不着花冗长的时间做饭，也不用出门去餐厅，在家就能享用种类丰富的食物。

面对多元、随时可被满足的消费选择，年轻人停留在某个产品、品牌上的时间和耐心都极其有限，有一个名词可以描述这种心理：IWWIWWWIWI，即"I want what I want when and where I want it"的缩写。翻译过来即为"我想要的，此刻就要；我想要的，此地就要"。这里既强调了年轻人消费大多凭主观自我的心态，也强调了想要马上就要的心情，体现出年轻一代"即时消费"的行为习惯。他们很少为了买一个消费品而计划、斟酌，而是在商品符合自己当下期待时就迅速出手。在消费者逐渐呈现年轻化的今天，阅后就买、喜欢就购的消费行为会越来越普遍。

策略：给出"快"的承诺，降低用户心理成本

针对年轻人这种"想要就马上要"的消费心态，商家们当然首先要把"快"升华成品牌特点。除了通过提升供应链效率，缩短每个服务环节的时间成本，还有没有讨巧、卖乖的套路？泰国的肯德基很机智，他们突出"快"的方式是，把产品外包装的盒子设计成了动态的光环，但凡看到的人，都会惊讶于一种"快到闪电"的肯德基新特色。

所以，"讨好"年轻人的套路很多，不一定要采取改头换面的"重模式"，类似肯德基这种抓住年轻一代想要快的"即时心态"，在盒子的外观上加入了"自带加速度"的设计，不仅博得人们眼球，更能让年轻消费者想起笃笃前行的快递小哥。

五、反对套路：拒做"人格商品袋"

文艺青年，就该上豆瓣、穿MUJI、听民谣、读雷蒙德·卡佛？这一代年轻人并不迷恋标签。他们不但不喜欢"90后""95后"这些标签，也抵触"文青""新中产""轻奢派"等标签。总而言之，他们不愿意让自己成为一个盛满各种商品、各种标签的袋子，不愿意让外界的标签附着在自己独特的人格上，他们拒绝成为"人格商品袋"。

年轻一代更多的是希望通过所消费的产品，来凸显自身的特征，来表达自我的品位和心情。他们也更希望带有情感属性的产品，对于冷冰冰的工业产品往往无感。毕竟，正是软性元素诸如萌、贱、黑色幽默等让流水线上的产品开始变得与众不同。

策略：打破"固定模式"，跟常规套路说再见

正因此，瞄准90后的各路品牌就很难再拿"优质""奢华""精粹"等来说事，而是用年轻人热衷的、感到新奇的方式，让他们因为情绪合拍而去喜爱一款产品。

如果你想推广一款以滋润皮肤为主打功能的精华液，你会用什么方法把它介绍给年轻人？请美女明星代言？在TVC里塑造一个追求者众、光鲜亮丽、自带主角光环的女性形象？抱歉，年轻人可能会觉得那是谎言，令人尴尬。

泰国的一则精华液广告另辟蹊径，采用喜感十足、无厘头的方式勾起年轻人对一款精华液的好奇。他们的做法是，让一个姑娘拿着一条鱼，在大海上历经风暴穿越大洋，最后把鱼喂给一只蓝鲸，然后被鲸鱼吐了一脸。这个情节怪诞的故事，却把精华液产品的关键词：法国、深海、滋养等特点串在了一起，并用一种让年轻人印象深刻的方式呈现。年轻人最终选择它并不是因为它是名牌，而是因为它是一款有性格、有趣味的新产品。

90后、95后人群的生活有着一万个侧面，每一个侧面有着十万种色彩，对于这一群体的分析与解读再多，都不足以完全概括他们并贴上标签。营销人所能做的，就是在无数的表象中归纳出一点规律，洞察出一些本质，并以此为海图，顺风顺水地驶向年轻人的海域。

（资料来源：乌玛小曼《销售与市场：渠道版》2017年09期）

【问题讨论】

（1）90后年轻人有哪些消费心理特征？企业可以采取哪些营销策略？

（2）查阅资料，还有哪些企业针对90后年轻人采取了类似的营销活动？

➤ 项目实训

【实训目的】

1. 通过收集个体所属群体的数量以及其特征、对自己心理的影响，熟悉群体以及相关内容，并能基于消费者所属群体的总体特征以及对消费者心理的影响分析消费者的心理。

2. 学生能进行自我分析。

【实训内容】

每个学生分析、收集自己在不同时期所属的群体；尽量多地收集这些群体，并将这些群体进行归类；分析个体在这些群体中的心理差异；总结这些分析的意义。

【实训方法】

1. 实训过程

（1）每个学生快速地收集个体所属的群体；选出两个群体，选择标准是在两个群体中自己的差异最大；分析差异产生的原因；举出一两个案例说明自己所属的群体对自己消费心理的影响以及影响的方式。（形成文字，作为课堂作业以及分享的依据）

（2）选出收集群体最多的两个人，分享这些群体的名字。一名学生将这些群体的名字记录在黑板上，其他学生可以进行补充和修改，完整地将每个所属群体记录下来。

（3）选择3~5名学生分享上述问题，同时将黑板上大家所属的群体进行简单的分类分析。

（4）选择3~5名学生说说在这些分析中，自己获得的启发。

（5）教师指导和总结。

2. 时间：40分钟左右

3. 地点：教室

【总结】

1. 作为消费者的个体人，都是社会群体中的成员之一，会受到各种群体的影响，这使消费者的个体行为在很多时候体现出群体的共性，这是分析消费者心理时要注意消费者所属群体的原因之一。

2．消费者受到群体影响分成两种不同的形态：自觉的和不自觉的，前者是消费者能够明显感觉到，后者是消费者不能明显感觉到，因此群体对消费心理的影响，有些明显，有些是不明显却是很深刻的。

3．消费者所属的群体类型有很多，随着社会、经济以及文化的发展和变化，一些群体的影响在消逝，一些则在逐渐形成和强大。比如，网络中的各种群体。

4．影响消费者的群体主要包括初级群体、参照群体等。

第五章
商品因素与消费心理

➤ **导入案例**

星巴克的独特品牌宣传方式

在小资当中流行着这样一句经典的话：我不在办公室，就在星巴克，我不在星巴克，就在去星巴克的路上。泡星巴克，是小资们生活中不可或缺的节目。毫无疑问，这杯名叫星巴克的咖啡，成为小资的标志之一。

星巴克中国形象片

星巴克创办于 1971 年，从西雅图的一间咖啡零售店，发展成为今天全球最大的咖啡连锁店品牌，创造了一个企业扩张的奇迹。截至 2016 年，星巴克在全球 68 个国家拥有超过 2.5 万家门店，在中国内地拥有 2800 家门店。

星巴克给品牌市场营销的传统理念带来的冲击，同星巴克的高速扩张一样引人注目。在各种产品与服务风起云涌的时代，星巴克公司把一种世界上最古老的商品发展成为与众不同、持久的、高附加值的品牌。然而，星巴克并没有使用其他品牌市场战略的传统手段，如铺天盖地的广告宣传和巨额预算的市场促销。

"我们的店就是最好的广告。"星巴克除了利用一些"策略联盟"帮助宣传新品外，几乎从来不做广告。因为根据在美国和中国台湾的经验，大众媒体泛滥后，广告也逐渐失去公信力。为了避免资源的浪费，星巴克故意不打广告。

星巴克认为，在服务业，最重要的宣传途径是分店本身，而不是广告。如果店里的产品与服务不够好，用再多的广告吸引客人来，也只是让他们看到负面的形象。星巴克不愿花费庞大的资金做广告与促销，但坚持每一位员工都拥有最为专业的知识与服务热情。"我们的员工犹如咖啡迷一般，可以对顾客详细解说每一种咖啡产品的特性。通过一对一的方式，赢得信任与口碑。这是既经济又实惠的做法，也是星巴克的独到之处。"

另外，星巴克的创始人霍华·舒尔茨意识到员工在品牌传播中的重要性，他另辟蹊径开创了自己的品牌管理方法，将本来用于广告的支出用于员工的福利和培训，使员工的流动性降到很低。这对星巴克"口口相传"的品牌经营起到了重要作用。

【问题思考】

星巴克品牌宣传的主要方式有哪些？

企业的商品能否被消费者接受，商品的名称、品牌、包装以及新产品开发等因素都将产生重要的影响。商品能否对消费者产生足够的吸引力，关键在于企业能否深入了解消费者的心理特征，使消费者从心理上接受、认可企业的商品。

第一节　商品名称、商标与消费心理

商品的名称是商品的有机组成部分。因此，商品命名也是消费心理学研究的一个重要课题。一个优秀的商品名称可以迅速吸引消费者的注意力，缩短新产品推广的时间，促进产品的销售。

一、商品名称及其心理功能

（一）商品名称的含义

商品名称就是企业为产品取的名字，是运用语言文字对商品的主要特性的概括提炼。企业在生产产品的同时，就必须考虑到借助语言文字给不同品质的产品起一个能吸引消费者的名称。商品取名是市场策略的一部分，一个合适的名称会在长期的市场竞争中，确立一个稳固的市场地位，给企业带来长期的利益。

（二）商品名称的心理功能

商品的命名方法虽然多种多样，但基本的心理功能主要有以下四个方面。

1. 认知商品

通过高度概括，用简洁凝练的文字，告知消费者商品的称谓、用途和特点。消费者即使没有看到商品实体，也能顾名思义，初步感知商品。如"肠润茶""八宝粥""黑芝麻糊"等。

2. 便于记忆

通过音、形、意的有机结合，创造言简意赅、易读易懂的商品名称，消费者听过、看过，会在头脑中留下较深刻的印象。如"旅游鞋""刮胡刀""加湿器"等。

3. 诱发情感

商品名称如能具有某种情绪色彩和特殊意义，符合消费者某方面的心理需要，就会得到消费者的信任和偏爱。如"活力运动鞋""情侣衫"等。由于消费者的文化背景多种多样，商品命名若有不慎，将引起消极情感或不被消费者理解。例如，"918鱼饵"中的"918"使用是否合适，不同的人存在不同的理解。

4. 启发联想

商品名称清新脱俗、寓意深远、风趣幽默、内容丰富、情调动人，能够启发消费者对美好事物的回忆和想象，加深对商品性能的理解。如福州的传统名菜"佛跳墙"，名字就非常生动、传神。

二、商品命名的心理策略

商品的商标与消费者心理

1. 以商品的主要功能命名

这种命名方法直接反映商品的主要性能和用途，突出商品的本质特征，使消费者迅速了解商品的功效，以取得消费者的信赖。化妆品、医药产品和日用工业品多采用这种方法命名，如"胃必治"和"感冒清"等。这种命名方法迎合了消费者的求实心理。

2. 以商品的主要成分命名

这种命名方法突出了商品的主要原料和主要成分，多用于食品、药品和化妆品的命名。例如，"银耳珍珠霜""人参蜂王浆""鲜橙多"等。这样的命名方法可使消费者从名称上直接了解商品的原料构成，以便根据自己的实际需要选择商品。

3. 以人名命名

这种命名方法是指以发明者、制造者或历史人物等名字命名。使特定的人与特定的商品相联系，使消费者睹物思人，引发丰富的联想、追忆和敬慕之情，从而使商品在消费者心目中留下深刻的印象。这种命名方法还可以给消费者以产品历史悠久、工艺精湛、用料考究且质量上乘等印象，以此诱发消费者的购买欲望。例如，"中山装"和"陈氏麻婆肉"等。

4. 以商品的产地命名

这种方法常用于颇具名气或颇有特色的地方土特产品的命名上，在商品名前面冠以商品产地，以突出该商品的地方风情和特点，使其独具魅力。例如，"云南白药""金华火腿""西湖龙井""北京烤鸭"等，这种命名方法符合消费者求名、求特及求新的心理，可以增加商品的名贵感和知名度。

5. 以商品的外形命名

这种命名方法具有形象化的特点，能突出商品优美和新奇的造型，引起消费者的注意和兴趣，多用于食品、工艺品类商品命名。例如，"猫耳朵""满天星"等。采用这种命名方法，使名称与形象统一，可以让消费者从名称联想到商品实体，从而加深对商品的印象和记忆。

6. 以商品的外文译音命名

这种方法多用于进口商品的命名上，既可以克服某些外来语翻译上的困难，又能满足消费者求新、求奇以及求异等心理需求，例如，"COCACOLA"音译成"可口可乐"，该名称非常适合中国消费者的语言偏好，而且名称中流露着一种亲切和喜庆，让人联想到饮料可口，饮后会欢快喜悦。

7. 以商品的制作方法命名

这种方法多用于有独特制作工艺的商品。例如，"二锅头""倒缸酒"等以酒的蒸制方法而命名；"古法压榨花生油"以制作方法而命名。

8. 以夸张性词语命名

这种命名是以形容词、褒义词、比喻词等来夸张商品的性能、使用效果或感情色彩，迎合消费者求全求美的心理，扩大宣传效果，从而引起重复购买。例如，"长寿面""健美裤"等。

以上只介绍了几种常用的商品命名方法，实际工作中还有许多其他的方法。例如，以数字命名的"五香粉"等；以字母命名的"DVD"等；以颜色命名的"绿茶""红茶"等；以典故命名的"叫花鸡"等。

总之，商品命名的原则是：要从消费者的心理需求出发，讲究艺术，掌握技巧，简明扼要，具有特色，易于记忆与传播；避免故弄玄虚，哗众取宠，牵强附会，不着边际，使消费者产生反感情绪。只有坚持这些原则，商品的命名才具有感染力，才能给消费者以美的享受，并激发消费者的购买欲望，促进商品的销售。

【知识窗】

雪碧的高明

"雪碧"是可口可乐公司推出的一款叫"SPRITE"的饮料，在美国十分畅销，但译成汉语的意思是"魔鬼""小妖怪"。为了推进中国市场，他们多方面征求意见，反复进行论证，经过几十个方案的筛选，最终决定将其直接音译为"雪碧"，意为纯洁、清凉之意，具有雪的凉爽、水的碧绿，使人联想到在酷暑盛夏，碧波绿水，皑皑白雪，带给人们清爽舒适、怡然自得的享受，加之"晶晶亮，透心凉"的广告语，因而深受中国人的欢迎。

【分析】

可口可乐公司为什么最终将雪碧进行直接音译？就是因为"雪碧"本身符合该商品的诸多特征，让人产生积极的联想，进而能够促进商品的销售。

三、商标与消费心理

（一）商标的含义

商标是商品的标志。它是商品生产者或经营者为使本企业商品与其他商品相区别而采取的一种标记，一般由文字、字母、图形、数码、线条、颜色及其组合构成。经过法律注册后的商标，具有专利并受法律保护。

（二）商标的心理功能

1. 识别的功能

商标是商品的一种特定标志，它有助于消费者在购买商品过程中，辨识并挑选所需要、所喜好的商品。同时，消费者可以通过商标来了解、记忆商品的生产经营单位，以便得到相关的服务，例如售后服务和索赔等。在现实消费活动中，很多消费者都是根据商标购买商品的。一旦消费者认定了某一商标，就会产生偏好而习惯性地购买。

2. 保护功能

商标一旦在国家商标局注册后就受到法律的保护，任何假冒、伪造商标的行为都要受到法律的制裁。商标受法律保护的功能是非常重要的，它不仅仅维护了制造商和销售商的经济利益和企业形象，而且让消费者在购买和使用商品时有一种安全感和信赖感，从而可以促进商品的销售。

3. 提示和强化功能

当消费者存在某种需求时，商标的提示效应可以使消费者对商品产生偏好，从而影响消费者的购买决策，最终促成购买行为，这就是商标的提示功能。消费者使用该商品后如果感觉良好，那么这种好感觉就会加深消费者对该商标的印象，使消费者在以后对这种商品的购买变成一种理性的购买或习惯性的购买；反之，一个与消费者心理不符的商标，会强化消费者对商品的摒弃心理，这就是商标的强化功能。

（三）商标设计的心理要求

商标设计是商标发挥心理功能的基础。实践中，商标的设计具有很大的灵活性，可以采用文字、符号、图形及其组合等多种表现形式和手法。然而，精良的商标设计又不可随心所欲，而必须考虑到商品的特色和消费者的心理，将丰富的信息浓缩于方寸之间，最大限度地发挥出应有的感召力。为此，在商标设计中，必须注意以下几个心理要求。

1. 商标设计要个性鲜明，富于特色

商标是用于表达商品独特性质，并与竞争者产品相互区别的主要标志。为使消费者能从纷繁多样的同类商品中迅速找到自己偏爱的品牌，商标设计应注意强调个性、突出特色、显示独有的风格和形象，使之明显区别于其他同类产品。例如，"小天鹅"洗衣机以一只美丽的小天鹅作为商标，使人们联想到美丽洁白的天鹅在明净的水面上畅游，从而产生洁净清爽的心理感觉。

2. 商标设计要造型优美，文字简洁

除了法律规定不能用作商标的事物外，商标的题材几乎可以取自宇宙万物。自然界中的飞禽走兽、花鸟鱼虫、名胜古迹、山川湖泊，以及人类创造的文学艺术成果，均可成为商标的题材。现代消费者不仅要求商标具有明确的识别作用，而且要追求美学价值。

所以，设计商标时，应力求造型生动优美，线条明快流畅，色彩搭配和谐，富于艺术感染力，以满足消费者的求美心理，使其对商标及商品产生好感。如德国品牌"彪马"的商标图案（图5-1），标志意为美洲狮，代表一种积极向上的精神，又象征着力量、实力与霸气，是品质男人所具备的魅力。

图5-1　彪马商标图案

3. 商标设计要具有时代气息，反映社会发展的潮流趋向

商标的名称如果能结合特定的历史时期，反映时代的气息甚至赋予一定的社会政治意义，就更容易激起消费者的购买热情，顺应民心，从而赢得消费者的青睐。例如，天津毛纺厂生产的"抵羊"牌毛线，最初是因"抵制洋货"而得此商标；"盼盼"防盗门为迎接亚运会而得名。由于符合时代潮流，顺应了特定历史时期消费者的心理，因而成为名牌，且历经数十年而不衰。

4. 商标设计应与商品本身的性质和特点相协调

商标既是对商品所要传达信息的提炼和精确表达，也是商品的代名词，又起到提示

和强化的作用。这就要求商标要准确地体现所代表商品的性质，突出商品的特色。例如，"奔驰"商标可使消费者联想到高档轿车的性能卓越，奔驰如飞；当人们在炎热的夏季看到"北冰洋"的商标时，立刻会联想到降温解暑的汽水饮料，给人以凉爽舒适的感觉。相反，我国南方一鞋厂，把秀美别致的女鞋商标设计成"大象"牌，给女性消费者粗大笨重的感觉，自然影响消费者对产品的印象。

5. 商标设计要遵从法律法规，并顺应不同国家、民族、宗教和地域的消费者的心理习惯

各国商标法都明文规定了不允许注册为商标的事物，如国徽、国旗和国际组织的徽章、旗帜及缩写等，因此，在设计商标时，必须严格遵守有关法律规定。另外，由于不同的国家、民族、宗教及地域的消费者有着不同的心理习性，从而产生了很多不同的偏好和禁忌，在设计商标时也应予以充分考虑，例如，加拿大人忌讳百合花，澳大利亚人忌讳兔子等。

总之，优秀的商标设计应符合以上心理策略，使之成为商品乃至企业的象征，使消费者产生深刻而美好的印象。

（四）商标运用的心理策略

由于市场、经营方式的多样性及发展变化性，商标除了有好的设计外，还要懂得利用一些巧妙的技巧，才能将商标的潜在功能充分发挥出来。因此，需要进一步研究商标运用的心理策略。

1. 统一商标策略

统一商标策略是指一个企业所生产的全部商品都使用同一个商标。例如，美国通用电气公司的所有产品都统一使用"GE"这个商标。采取统一商标策略有利于建立统一的商标信誉，壮大商品及企业的声望，节约商品推广促销费用，当企业有新产品面市时，由于有以往的产品的宣传，消费者就可以根据对该企业其他产品的消费经验来购买新产品，引导消费者对其所认知的商标的其他产品采取连带购买行为。但是统一商标策略的优势也可能是它的风险之源。当其中某种商品的质量下降或不稳定时，往往会连带影响其他商品。

2. 独立商标策略

独立商标策略是指对一个企业内多种商品分别采用不同的商标，这有利于企业增加商品的花色品种，明确商品的特性差异，满足不同的消费需求，有利于扩展地区市场，扩大销售。同时也在一定程度上避免因某一商品的问题，而连累其他商品的风险。但独立商标的成本费用大，包括商标设计费用、注册费用和推广费用。

【知识窗】

保洁公司的商标策略

广州宝洁公司的洗发水有三种商标："海飞丝"（广告词为"头屑去无踪，秀发更出众"）；"飘柔"（广告词为"令您的头发更飘更柔"）；"潘婷"（广告词为"拥有健康，头发当然亮泽"）。同为洗发水，各有个响亮的商标，各有个特殊的用途，可供消费者各取所需。这种不同商标的洗发水，沿着各自的路子走入市场，共同提高了企业产品的市场占有率，使产品迅速覆盖了中国大江南北。

【案例评析】

广州宝洁之所以能使其洗发水产品迅速覆盖我国大江南北，正是因为运用了独立商标策略。公司从洗发水的功能出发及时地向市场推出了不同功能和不同商标的洗发水，来满足不同目标市场消费者的不同需求，利于提高产品的市场占有率。

关于商标发展

第二节　商品包装与消费心理

商品包装是商品的基本构成，是消费者接触商品最直接的体验。商品包装设计在吸引消费者注意、提升商品竞争力、建立品牌形象方面起着重要作用。因此商品包装要与商品本身的用途和特性相适应，通过视觉刺激引发联想，从而影响人们的购买行为。

一、商品包装及其作用

（一）商品包装的含义

商品包装是指商品流通过程中为保护商品、方便储运、促进销售，按一定技术方法而采用的容器、材料及辅助物的总体名称；也指为达到上述目的而采用容器、材料及辅助物过程中施加的技术方法和操作活动。

小罐茶创新包装

（二）商品包装的作用

在市场经营活动中，商品包装被冠以"无声推销员"的美称。我国自古就有"买椟还珠"的故事，更有"以木兰之柜，熏以桂椒，缀以珠玉，饰以玫瑰，辑以羽翠"这样的名句。包装对企业销售和消费者行为发挥着越来越大的影响作用。

小罐茶

1. 保护商品

商品从企业到消费者手中这一过程，要经过多次的搬运、装卸和储存，如果没有良好的包装，会受到不同程度的损伤，从而丧失商品的使用价值和附加价值。

商品包装的功能

2. 吸引注意

在超级市场琳琅满目的商品中，那些具有色彩鲜明、构图精美、造型奇异、文字醒目等特色的包装，往往会吸引消费者的注意，使消费者爱不释手，促成购买。

3. 传递信息

包装上有关商品功能作用、使用方法、注意事项的表述，能使消费者增长知识，加深对商品的认识；有关商品重量、效能参数、优点特色等的说明介绍，便于消费者在商品中进行比较；有关原料成分、加工方法、出厂日期、检验标记等内容，可以解除消费者的顾虑。

4. 提供便利

在销售过程中，根据商品的性质、形状和用途等设计包装的结构、形状、材料、规格以及开启方式，可以方便消费者选择、携带、运输、保管与使用。

5. 提升商品价值

包装使用不同的原料质感，不同的颜色图文，使商品所包含的象征意义、审美价值等心理功能得以更好地显现。包装的安全便利、符合用途、突出商品机能从不同角度迎合消费者多方面的心理需要，增加商品的魅力，提升了商品的价值。

6. 促进销售

随着自动售货方式的扩大和消费者生活习惯的变化，包装已从最初的防损、防污的功能逐步扩大到促销活动等具有附加意义的功能。在现代经营中，包装对于促进销售的作用绝不可低估。因此，如何设计适应先进的销售方式和消费者乐于接受的商品包装，已经日益为商品生产者和经营者所重视。

二、商品包装设计的消费心理需求

商品包装对消费者心理的影响还依赖于消费者内在的需要特征，一个适宜的包装设计应当满足如下需求。

1. 方便性

消费者要求商品携带、开启、使用和保存都非常方便。为满足这些要求，设计时让包装带上提手、罐头带上简易的开启装置、易碎的玻璃用盒装等都可以为消费者提供方便，更大限度地满足消费者需求。

2. 适应性

包装必须有一个理想的形状，大小适宜，恰当地配合商品的用途。如儿童食品分量不宜过大、工具类商品包装不宜过重等。

3. 安全性

消费者对商品尤其是对需要多次分量消费和自行配制使用的商品，希望其包装牢固、耐用、安全。对产品所含的成分进行详细标识，让消费者食用或使用时放心。如对食品成分或药物疗效的介绍，或标明食用油使用了非转基因原材料，或标明药品有无副作用等。如图 5-2 所示。

图 5-2　非转基因食用油包装

4. 直观性

包装的直观性是针对商品而言的。即对于那些构造独特、选择性强的商品，消费者要求包装能直接地反映商品的特性，消费者可以在不开启包装的情况下能够清晰地观察到商品的外观形象，从而诱发消费者的积极情感和购买动机。如大部分的冷冻食品都使用了透明包装，以方便消费者了解内部商品的真实情况。

5. 诱发联想

合适的包装能引发消费者良好的想象，给消费者以心理暗示，引发消费者的购买需求。同时包装还有利于显示商品的社会象征作用，消费者经常要通过商品的包装来显示自己的社会地位、身份、威望和经济实力。

6. 艺术性

商品的包装设计是美的体现，具有艺术魅力的包装可以带给消费者美的享受，同时提升商品的收藏价值，有效地激发消费者的购买欲望。如稻香村针对小学生推出的一款"放学啦"蛋糕食品，包装设计富有艺术性，深受小学生的喜爱，如图5-3所示。

图 5-3 稻香村"放学啦"食品包装

三、商品包装设计心理策略

企业应如何通过包装来吸引消费者的注意，诱发他们的情感和购买欲望，是企业必须予以重视的问题。商品包装设计的心理策略主要有以下几种类型。

（一）按照消费习惯和实用需求心理设计包装

1. 惯用包装

惯用包装是沿用长期以来所形成的并为消费者非常熟悉的商品包装形式。适应消费者的消费习惯和传统观念，便于识别和记忆。如香烟采用20支纸盒包装。

2. 分量包装

分量包装是根据消费者购买和使用的习惯和特点，将商品按一定的数量或重量采用大小不同的包装形式，为消费者购买提供了充分的选择余地。同时，小包装设计也是企业新产品推广的一种方式。如洗衣粉、洗发露的大、中、小号不同包装等。

3. 配套包装

配套包装是针对消费者的使用习惯，把多种有关联的产品配套包装在一起成套供应，便于消费者购买、使用和携带，同时还可扩大产品的销售。如咖啡、酒、化妆品、文具、服饰等产品的配套包装等。

4. 系列包装

系列包装是企业对生产功能相似、品质相近的商品，设计的图案、形状、色彩相近的包装。这样可以节约设计和促销宣传的费用。如洋河蓝色经典系列天之蓝、海之蓝、梦之蓝的包装，如图 5-4 所示。

图 5-4　洋河蓝色经典系列包装

（二）按照消费者消费水平设计包装

1. 等级包装

等级包装是对不同档次或不同质量等级的商品分别使用不同的包装，并在包装材质、包装风格上力求与商品档次相匹配。高档包装采用高档材料、豪华包装以迎合消费者显示地位、身份的心理需要；而低档商品包装设计可以突出经济实惠、物美价廉的特点，尽量降低包装成本，以满足低收入消费者的需求。如烟、酒、茶等产品的精装与简装。

2. 特殊包装

特殊包装是指专门为那些市场稀缺、用途特殊、价格昂贵的商品设计的具有较高欣赏价值和专门用途的包装形式。包装设计构思奇妙独特、用料考究名贵、制作工艺精湛，既能显示内装商品的贵重特点，又能激发消费者的珍爱情感。如名贵药材、文物古董、珠宝首饰、艺术珍品等的包装。

3. 礼品包装

礼品包装是指专为用于赠送他人的礼品而制作的装饰华丽、富有情调和美好寓意的特殊包装形式，不仅可以增加喜庆气氛，还能提升礼品的价值。

4. 简便包装

简便包装是一种成本低廉、构造简单的包装形式，其目的是降低销售价格，以迎合普通大众的消费心理。如塑料袋、纸袋包装，一般用于日用品和低值消费品。

5. 复用包装

复用包装是指原包装的商品用完之后，空的包装容器可作其他用途。这种策略可大大节省资源，还可以在包装物上印上企业的标记，增强消费者对该商品的印象，刺激消费者重复购买，如铁质饼干盒，如图 5-5 所示。

图 5-5　饼干盒复用包装

第三节　新产品开发与消费心理

一、新产品含义

新产品的概念是从整体产品的角度来理解的。在整体产品中只要对任何一方面功能或形态进行创新和变革，使产品有了新的结构、新的功能、新的品种，或增加了新的服务，从而给消费者带来新的用途和利益，与原产品产生了差异，即可视为新产品。

新产品从不同角度或按照不同的标准有多种分类方法。按新产品的改进程度，通常有以下分类。

（一）全新新产品

全新新产品是指运用新技术或为满足消费者某种新的需要而发明的、在功能相近的同类产品中产生了实质性变化的新产品。它的出现，从研制到大批量生产，往往需要耗费大量的人力、物力和财力，这不是一般企业所能胜任的。因此，它是企业在竞争中取胜的有力武器。例如，微信、支付宝、滴滴出行、摩拜单车等的出现。

（二）换代新产品

换代新产品是指在原有产品的基础上采用新材料、新工艺制造出的适应新用途、满足新需求的产品。它的开发难度较全新新产品小，是企业进行新产品开发的重要形式。这类新产品要求消费者在使用过程中部分地改变过去的使用习惯和消费方式，创立全新的消费行为。例如，手机、电视、冰箱、汽车等的更新换代。

（三）改进新产品

改进新产品是指在材料、构造、性能和包装等某一个方面或几个方面，对市场上现有产品进行改进，以提高质量或实现多样化，满足不同消费者需求的产品。消费者在接受这类新产品时，基本上沿用类似老产品的消费行为，需要新学习的消费方式只占很少一部分。该种新产品是企业产品开发经常采用的形式。如手机产品增加无线蓝牙、无线充电等都属于改进新产品。

二、新产品购买者的类型及购买行为的影响因素

（一）新产品购买者的类型

由于心理需求、个性特点及所处环境等的差异，不同消费者对新产品接受的快慢程度会有所不同。美国著名的传播学者埃弗雷特·罗杰斯根据这一差异，把新产品购买者划分为以下五种类型。

1. 革新者

任何新产品都是由少数革新者率先使用的，约占全部购买者的2.5%。他们极富创新和冒险精神，收入水平、社会地位和受教育程度较高，多为年轻人，交际广泛且信息灵通。他们人数虽少，但有示范、表率作用，因而是新产品推广的首要对象。

2. 早期购买者

早期购买者是继革新者购买之后，马上购买的消费者，约占全部购买者的13.5%。他们追求时髦、渴望变化，有一定的创新和冒险精神。他们一般社会交际广泛，活动能力强，被人尊重，喜欢传播消息，常常是某个圈子的公众意见领袖。他们虽人数较少但有一定的权威性，对带动其他消费者购买有重要作用。

3. 早期大众

早期大众约占全部购买者的34%。他们有较强的从众、仿效心理，乐于接受新事物，但一般比较谨慎。由于这类消费者数量较多，而且一般在产品成长期时购买，因而是促成新产品在市场上趋向成熟的主要力量。

4. 晚期大众

晚期大众约占全部购买者的 34%。这部分消费者态度谨慎，对新事物反应迟钝，从不主动接受新产品，直到多数人采用新产品且反应良好时，他们才会购买。

5. 守旧者

守旧者约占全部购买者的 16%，是采用新产品的落伍者。这部分消费者思想保守，拘泥于传统的消费行为模式，其社会地位和收入水平一般较低，当新产品过时后他们才会购买。

（二）影响消费者新产品购买行为的心理因素

影响消费者购买新产品的因素多种多样，既有新产品本身的因素，又有消费者自身的收入水平、职业特点、性别、年龄等社会和心理因素。

1. 消费者对新产品的需要

新产品能否满足消费者的需要，是其购买与否的决定性因素。由于不同消费者有不同的需要内容和程度，因而对新产品的购买行为也各不相同。企业应当善于发现消费者的潜在需要，从而有效地引导和创造消费。

2. 消费者对新产品的感知程度

消费者感知能力的强弱直接影响其接受新产品信息的准确度和敏锐度，从而带来其购买行为的时间差异。当消费者确信新产品能够为其带来新的利益时，其购买欲望就会受到激发，进而采取购买行为。

3. 消费者的个性特征

消费者的兴趣、爱好、气质、性格、价值观等个性心理特征差别很大，这直接影响了消费者对新产品的接受程度和速度。如性格外向和富于冒险精神的消费者，往往比性格保守、墨守成规的消费者更易于接受新产品，而且接受的速度更快。

4. 消费者对新产品的态度

消费者在感知新产品的基础上，通过对新、旧产品的比较、分析，形成对新产品的不同态度。如果消费者最终确信新产品具有某些特点，能为其带来新的利益及心理上的满足，就会对新产品持肯定态度，进而产生购买行为。

【知识窗】

苹果狂潮的启示：用户体验至上

有人说：三个苹果改变了世界，一个诱惑了夏娃，一个砸醒了牛顿，一个在乔布斯的手中。

苹果之所以能够成功，除了乔布斯无与伦比的个人魅力外，更要归功于其"用户体验至上"的创新理念。乔布斯认为，"情感的经济"将取代"理性的经济"。基于硅芯片的技术制胜时代已经过去，取而代之的是"与消费者产生情感共鸣"和"制造让顾客难忘的体验"。事实也的确如此，从备受赞誉的外形设计到注重细节的硬件制造，苹果关注所有的用户体验。苹果认识到"简单胜过复杂。消费者购买的不是平台，不是标准，更不是企业所谓的什么战略，他们要的只是能令自己心醉的产品"。iPhone在商务功能方面可能不如黑莓，拍照功能方面可能不如vivo，但是它却拥有最简单的界面，只需在屏幕上轻点一两下即可完成打电话、收发电子邮件、上网、玩游戏、看视频节目、听音乐、欣赏照片等功能。不难发现，iPhone的许多细节都体现着"注重用户体验"的思想。例如，iPhone手机的光感应设计，可以根据环境自动调节屏幕的亮度，让用户得到最佳视觉感受；红外感应设计，当用户脸颊贴近屏幕时，系统认为是人在听电话，会自动关闭屏幕达到省电的目的；加速度感应设计，当手机从高处坠落时，系统会自动关机，以减少可能造成的不必要损害……

在上一代产品还在热销之际，苹果公司却在不断研发并连续推出新一代产品。从iPod到iPod Touch，从iPhone到iPhone X，从iPad到iPad Pro，苹果公司每一次产品升级，都大大提升了消费者的用户体验。

苹果认为，只有达到完美极致的产品才能带给消费者最佳的用户体验。残酷的完美主义，成为苹果创新的标杆。在苹果公司，每个设计师都要将软件的每一个界面和特征设计精确到像素，才能让高级经理来评判。为了保证产品的完美，苹果严格执"10-3-1"流程，即要求任何产品都要设计10款不同方案，从中筛选3款改进完善，最后选择1个成为最终的产品。"10-3-1"流程让设计师90%的工作可能付之东流，然而正是苹果这种看似浪费资源的做法，却让产品尽善尽美。

不断带给消费者最佳的用户体验，引领时代的潮流，这或许正是苹果一直被模仿，从未被超越的真正原因所在。虽然"用户体验至上"的思想并不新奇，然而，实践中真正能身体力行的企业并不多见。

苹果的成功带给我们许多启迪，让消费者对一个产品、一个品牌顶礼膜拜的秘诀正是对消费者的关怀！当产品能够召唤消费者情感体验，它便驱动了需求，比任何一种营销策略更具有力量。

（资料来源：杨兴国，全球品牌网）

【案例思考与应用】

苹果产品风靡全球的最主要原因是什么？目前除苹果以外，还有哪些手机产品在年轻人中流行？简要分析原因。

三、新产品设计的心理需求

为使新产品迅速地打开市场，企业不仅要研究了解消费者对新产品的需求变化，而且在新产品设计中要注意把握基本的心理策略。

（一）产品设计要适应消费需求的变化

产品设计过程不仅要考虑技术先进、经济合理的问题，更要考虑需求问题。随着我国经济发展、消费水平的提高和产业结构的调整，消费需求的变化趋势要求产品功能多样化、自动化；外观微型化、艺术化；材质绿色化、安全化；要有更高的文化内涵、感情情趣的社会象征功能和审美功能。只有从消费需求变化出发，多方面满足消费需求，企业才能占领市场，不断发展。

（二）产品结构设计要符合人体工程要求

产品只有符合人体结构的要求，与人体结构相适应，在消费过程中给人以安全、方便、舒适的感觉，才能减轻人体疲劳，加速人体机能的恢复。商品设计要根据人体各部位的结构特征，各部位的量度、力度、长度等基本限度和使用环境，综合各种静态、动态的科学数据进行设计，以便能更好地满足消费者需求。

（三）新产品功能设计要满足消费者的生理需求

能体现产品基本效用，必须能满足消费者的某种需求，否则消费者不会购买。各种需求中，生理需求是人类第一需求，它是消费者购买商品最基本的出发点。如消费者购买洗衣粉，首先要求去污力强、不伤害皮肤，然后才追求品牌。因此，新产品功能设计如忽视最基本的核心效用，在市场上就难以成功。

（四）新产品造型要满足消费者的审美观

商品造型美观独特就会吸引更多的消费者购买，特别是随着人们生活水平、教育水平的提高，消费者文化艺术修养、审美观念也逐步增强，购买产品更注重造型艺术美、色彩美，审美观已成为影响消费者购买商品的重要因素。

（五）新产品设计要符合消费者个性特征

在当今个性化消费时代，企业设计产品在考虑产品功能、结构等共性要求的同时，还应考虑产品的独特个性，使自己的产品与竞争者的产品有明显差别，满足多种多样的个性需求。

➤ **知识练习与思考**

1. 常见的商品命名方法有哪些？
2. 商品包装的设计的心理策略有哪些？
3. 新产品购买者有哪些类型？
4. 消费者对新产品设计有哪些基本心理需求？

➤ **案例分析与应用**

加多宝背后的故事

红色的罐体，罐顶采用粗咖啡色边，配以黄色的醒目品名。这是凉茶的经典包装。很多时候，消费者会直接说，"来一个红罐"，销售人员也能心领神会递过来一罐加多宝凉茶。如图 5-6。

图 5-6　加多宝包装

生命、朝气、激情

"1995 年加多宝首次设计并最先使用红罐进行凉茶产品的生产。红罐包装的底色是中国红。红代表着生命、一种朝气、一种激情。17 年来我们依托传承并弘扬中国传统文化的使命，把红罐凉茶推向全国、全世界。"加多宝集团品牌管理部副总经理王月贵介绍，从 1995 年到 2012 年，17 年来，加多宝投入数百亿元，不遗余力打造红罐凉茶，将其从岭南一隅推向全国，缔造红罐凉茶传奇。中国的凉茶也成为唯一可以比肩可口可乐的饮料品牌，年销售额过百亿元。如今，一听小小的红罐凉茶承载着百年的文化。王月贵认为红罐属于加多宝，没有加多宝就没有红罐凉茶。

与中国人的情感吻合

20 世纪 90 年代初，市面上没有红罐，也没有罐装的凉茶产品，市场上卖的凉茶产品大多是散装冲泡的，或者是纸盒装，没有红罐包装这种凉茶产品。因为在公众的心目当中，红色本身是一种上火的感觉。而凉茶饮料应该是去火的一种定位，所以用红色似乎跟这个功能有矛盾，有冲突。

设计之初，加多宝集团董事长陈鸿道考虑，红色在传统中是种喜庆、吉祥、热闹的颜色，公众认知接受度高。红色跟黄色搭配，有一种尊贵的感觉，跟中国历史对红色、黄色的推崇有关，与中国人的情感吻合。凉茶始祖王泽邦的第五代玄孙王健仪曾说，王泽邦所传凉茶的所有商标都以红色打底，希望新的包装也以红色为主。不久，日后风行的红罐正式面世。

王月贵说，一款成功的产品外观设计关键要反映设计方的思想并有力传递产品内涵。加多宝凉茶的红罐外观运用红、黄两种最能代表中国传统文化的色彩，表明凉茶是中国传统中医药文化和岭南养生保健文化的卓越代表，也反映了加多宝对中国传统文化的传承与弘扬之心。

原创的勇气

王月贵表示，加多宝原创性地推出红罐凉茶，在当时确实需要很大勇气。正因为差异巨大，它才有可能跟当时的传统产生一种对比，形成全新的产品。红罐设计，其实还有一个背景，就是原来加多宝租用原商标的时候，当年的商标拥有方，自己在生产、销售绿盒饮品，并没有现成的红罐包装设计。

加多宝集团董事长办公室行政总监冯志敏回忆，加多宝集团董事长陈鸿道先生当年找到一个香港的设计师潘先生，并把自己的创意、理念，对包装设计的要求等都告诉他。然后，让潘先生运用他自己的专业技术来设计那个红色的罐装包装。整个设计过程持续了一年左右，前后也有一些比较小的改动，到最终定型，改了两到三版，直到 1996 年向国家专利局申请专利的时候，才完全定型，即现在的红罐。

1997 年，红罐包装获得中华人民共和国专利局颁发的外观设计专利证书。但是，全新的包装形式、全新的品类要让市场接受非常艰难。加多宝从推出第一罐到走向全国市场经过了七八年的时间。这是一个不断积累的过程，包括人力、财力的积累。消费者对产品认知上的积累，也需要等待消费观念和生活水平等条件的成熟。

基础打实了，加多宝在 2003 年确立了预防上火的产品定位，走出地域化发展的范围，向全国发展。

记忆中不变的味道

一个好的产品，要在市场上快速凸显出来，不可能只靠产品设计。除了好的设计外，更需要有产品品质的保障、营销推广过程的付出等多方面因素。

1995 年加多宝集团开始生产红罐凉茶。依据王泽邦后人王健仪女士独家授权的秘方，秉承传统蒸煮工艺，引进欧美先进的工艺设备，采用上等本草材料配制，这些都有力保障了产品的品质。

为了让加多宝凉茶走进千家万户，走向世界每个角落，为了让中国人乃至世界人都享受到品质上乘的加多宝凉茶，加多宝开发运用三项专利技术，完美呈现了凉茶创始人后人传授的凉茶秘方。严格的质量管控使得每一罐加多宝红罐凉茶都能达到并保持最佳品质。

加多宝独创"集中提取，分散罐装"，消费者无论走到哪里，打开的每一罐加多宝红罐凉茶都是他记忆中的味道，不因时间、地域而改变。

口感维系着加多宝红罐凉茶与消费者之间最紧密的关系。正宗的配方、熟悉的味道、17年的坚持都通过不变的口感，向消费者表达加多宝最有敬意的承诺。

经过加多宝的经营推广，红色罐装凉茶最终获得巨大成功，从区域品牌发展成为一个家喻户晓的全国大品牌，从 2007 年至 2012 年，加多宝生产的红罐凉茶连续 6 年荣膺"中国饮料第一罐"。

资料来源：林文龙《新京报》2013 年 9 月

【思考】

1.请运用消费心理学有关原理，分析红罐加多宝背后的故事中包含了哪些品牌、包装与新产品开发的原理。

2.目前市场上还有哪些凉茶竞争者？其在品牌、包装、新产品开发中利用了哪些消费心理策略吸引消费者的注意？

➤ **项目实训**

利用课余时间到超市进行市场调查，观察消费者选购饮料的情况。最终对消费者购买最多的三种饮料进行比较，分析其在品牌名称、商标设计、包装（包括瓶罐形状、包装材料、容器大小、封口方式）、广告、代言人等方面吸引消费者购买的主要因素有哪些。

A. 饮料名称：

因素分析：

_____

B. 饮料名称：

因素分析：

_____

C. 饮料名称：

因素分析：

_____

第六章
商品价格与消费心理

➤ **导入案例**

双赢的销售

有一位成功的商人，有人问他成功的秘诀是什么？他说他一辈子装聋作哑。顾客走进他的店里，指着一件商品问：

"这个多少钱？"

"什么啊？"商人手贴着耳朵问。

"这个多少钱？"

"什么？有多少？"

"是多少钱！！"顾客有点恼怒了。

"哦！这个多少钱啊？稍等一下。"商人对着屋里的人喊：

"老板，这个柜台上的东西多少钱啊？"

里屋传出一阵带着睡意又不耐烦的吼声：

"不是说了吗？那里的商品要80块！好了，别烦我！"

"这样啊，好的！"商人回过身来对着顾客。

"您也听到了，老板说要50块，不过我给您便宜点，40块拿走怎么样？"

顾客暗自窃喜，匆匆付过钱一溜烟就走了。

【案例分析】

价格虽然不是商品的核心，但确实是联系消费者、产品经营者之间的重要纽带，如何制定一个使消费者与营销者双赢的策略是非常重要的。

价格是人们选择商品的一个重要因素，商品价格对消费者行为具有非常重要的影响作用，一件商品的定价高低、变动情况都会引起消费者各种不同的心理感受及购买行为，同时也直接涉及消费者和工商企业双方的切身利益。

第一节　商品价格的心理功能

价格作为一个客观因素，它对消费者的购买心理必定产生影响，从而在一定程度上影响消费者的购买行为，这种影响作用，称为价格的心理功能。

一、衡量商品价值和品质的功能

在现实生活中，价格是消费者用以衡量商品价值和品质尺度的工具。"一分钱，一分货""便宜没好货，好货不便宜"便是这种心理的具体反映。在现代市场中，由于生产技术的突飞猛进，商品品种越来越多，新产品不断出现，一般的消费者对商品的优劣难以辨别，更难知道哪种商品的价值是多少。因此，一般都在心里把商品价格看成商品价值和品质的代表。

二、自我意识比拟功能

商品价格本来是商品价值的货币表现，其作用是有利于商品交换。但从价格心理的角度看，它还有另外一种作用，这就是购买者把商品价格作为自我意识进行比拟的心理作用。也就是说，商品价格不仅具有劳动价值的意义，也有社会心理价值的意义。原因在于购买者通过联想与想象，把商品价格与个人的愿望、情感、个性心理特征结合起来，通过这种比拟来满足心理上的要求或欲望。

这种自我意识比拟包括多方面的内容，一般有社会地位的比拟、文化修养的比拟、生活情操的比拟、经济收入的比拟等。如有些消费者热衷于追求时尚、高档、名牌的商品，对折价处理品不屑一顾；有的还认为到地摊小店购买商品有损身份。这就是把商品价格和个人的社会地位进行比拟。

三、决定消费需求量增减的功能

商品价格高低对需求有调节作用。一般来说，在同等条件下，当商品价格上涨时，消费需求量将减少；当商品价格下跌时，消费需求量将增加，但在市场经济发展中，商品价格对需求的影响，还受消费者心理因素的制约。如当一种产品的价格下降时，人们不一定增加购买而是产生疑虑心理，担心商品质量；或怀有期望的心理，等待继续降价等。所以会出现商品降价反而抑制购买行为的现象，当价格上涨时，人们不一定减少购买，有时会产生紧张心理，担心价格继续上涨，所以会在储备动机的支配下大量或重复购买，以致出现商品涨价反而刺激购买行为的现象。当然这种调节功能，还取决于商品的种类和消费者对此商品的需求程度。

由此可见，一种商品的市场价格变动后，可对消费需求产生多种不同的影响。其中消费者的心理因素起着非同小可的作用。

第二节　消费者的价格心理

一、消费者的价格心理特征

消费者的价格心理是消费者在购买活动中对商品价格认知的各种心理反应和表现。它是由消费者的个性心理及对价格的知觉判断共同构成的。此外，价格心理还会受到社会、生活各方面因素的影响。消费者的价格心理主要表现在以下几个方面。

消费者的价格心理

（一）习惯性心理

习惯性心理是指消费者根据以往的购买经验和对某些商品价格的反复感知，来决定是否购买的一种心理定式。特别是一些需要经常购买的生活消费品，在消费者头脑中留下了深刻的印象，更容易形成价格的习惯性心理。

消费者对价格的习惯性心理影响着购买行为。这是因为消费者往往从习惯价格中去联想和对比价格的高低涨落，以及商品质量的优劣差异。消费者在已经形成的习惯价格的基础上，一般情况下对商品的价格都会有一个上限和下限的概念。一旦某种商品价格超过了消费者心目中的价格上限，消费者则会认为其太贵；如果价格低于消费者心目中的下限，消费者则会对商品的质量产生怀疑。也就是说，某种商品的价格如果违背了习惯价格，消费者就会产生舍不得购买或是拒绝购买的心理。但是，如果商品价格恰好在消费者的习惯价格水平上，就一定会博得他们的信赖和认同。

商品的习惯价格一旦形成，就被消费者认可而不容易改变。价格一旦变动，对消费者的价格心理影响很大，对企业甚至对整个社会经济生活都会造成一定的影响。因此，若要进行价格调整则必须十分谨慎。

（二）感受性心理

感受性心理是指消费者对商品价格及其变动的感知强弱程度。它表现为消费者对于通过某种形式的比较所出现的差距，对其形成刺激的一种感知。

一般来说，消费者对价格高低的认识不完全基于某种商品价格是否超出或低于他们心目中的价格尺度，还基于与同类商品的价格进行比较，以及通过购物现场不同种类商品的价格比较来认识。比较结果的差异大小，形成了消费者对价格高低的不同感受。这种感受会直接影响消费者的价格判断。

【知识窗】

利用价格感受心理为新产品促销

新产品上市时，经销商和业务员经常提出如下要求：质量更好一点，包装更美一点，价格更低一点，促销更大一点。如果按照上述要求推广新产品，失败的概率要大于成功的概率。其中，"价格更低一点"就是认识误区。新品上市时，价格的作用是什么？不是用来成交，而是用来为新产品定位的。新品价格低，给消费者传递的信息不是物美价廉，而是新品档次低。消费者通过什么来为新产品定位？主要通过价格，价格高，传递的信息是档次高。

新品价格高，消费者购买可能并不踊跃，这并不可怕。重要的是通过价格"高开低走"或促销，给消费者创造占便宜的感觉。

手机行业最善于用价格为新品定位。手机定价的特点是"高开低走"，新品上市时的价格通常很高，定位于高端消费人群，然后随着价格走低，消费群体不断扩大。手机价格每一次走低，都使购买者获得下列感觉：用较低的价格购买了一款以前比自己收入更高的消费者使用的手机。消费者的满足感正是由此而来。

（三）敏感性心理

敏感性心理是指消费者对商品价格变动做出反应的灵敏和迅速程度。消费者对商品价格的敏感性是相对于商品价格稳定的习惯心理而言的。因为商品价格的变动直接影响消费者自身的利益，影响消费者需求的满足程度，所以，消费者对价格的变动一般都比较敏感。

但是，消费者对价格变动的敏感心理是因人而异、因商品而异的。一般来说，像食品、蔬菜、肉类等生活必需品需要程度高，购买频繁，敏感度就强；家用电器、名烟、名酒、化妆品等奢侈品，购买频率低，敏感度较弱。学校师生每天在餐厅就餐，即便饭菜价格只变动了 0.5 元，他们也会议论纷纷；而市场上空调价格哪怕上涨了 500 元，他们也不会太注意。

（四）倾向性心理

倾向性心理是指消费者在购买过程中对商品价格选择所呈现出来的趋势和意向。商品一般都有高、中、低档之分，不同档次分别标志商品的不同价格与质量。不同类型的消费者，出于不同的价格心理，对商品的档次、质量和商标等都会产生不同的倾向性。

消费者对商品的价格倾向性大致可以分为两大类。一是不同消费者对同一类商品价格的选择具有不同的倾向性。如果消费者对不同价格的同类商品的性能、质量、外观造型及所用材料等方面没有发现明显的差异，那些求廉务实的消费者往往倾向于选择价格较低的商品。例如，超市中奶制品品牌较多，大多数消费者往往选择价格较低的品牌购买。但是，那些慕名求新的消费者就会倾向于购买价格较高的品牌。二是同一消费者对不同种类的商品的价格选择也具有倾向性。一般来说，对于那些耐用品、礼品或高档商品、时令商品，消费者会倾向于选择价格较高的购买。而对于那些日用品，选择倾向一般是低价。

消费者在经济收入、文化水平、价值取向以及性格等方面的差异，使他们在购买中表现出来的价格倾向不尽相同。消费者会根据自己对商品价格的认知程度来做出判断。

（五）逆反心理

正常情况下，消费者总是希望买到价廉物美的商品，对于相同价值的商品总是希望其价格越低越好。但是在某些特定的情况下，商品的畅销性与其价格会呈反向表现，即并非价格越低越畅销，而会出现"买涨不买跌"的情况。这就是由消费者对价格的逆反心理所致。

【知识窗】
楼市中的买涨不买跌

对比近几年国家统计局关于新建商品房价格环比上涨城市数量与央行公布的居民买房意愿的数据，就会发现"买涨不买跌"仍是我国楼市的基调。当房价上涨时，居民购房意愿更强烈；当房价下滑时，居民购房意愿也随之下降。

房产投机者曾被认为是导致楼市"买涨不买跌"的原因，但实际上，刚需购房者也会做出类似判断。如果购房者意识到房价在涨，而且会继续涨，那么现在买进，过一段时间，价格再涨上去，相对来讲便是便宜了。反之，房价下跌，如果购房者意识到还要再跌，那么现在买进，就意味着过一段时间房子要贬值。于是历年以来，当媒体公布房价同比上升时，购房者生怕房价继续大涨，于是被迫出手。而当媒体公布房价较过去降了几个点时，购房者反而捂紧钱包，隔岸观望。

据媒体报道，"买涨不买跌"的购房者心理也影响了开发商。主动降价不一定带来更多购房者，涨价反倒能够带来更多利益。在对房价长期的僵持与对抗中，开发商与购房者之间已经习惯性地互不信任，抛开各种市场因素，这也是楼市"涨涨不休"的症结之一。

二、价格变动对消费者心理和行为的影响

当企业进行价格变动的时候，首先考虑的是价格调整后消费者能否接受，对消费者的行为会产生什么影响，消费者将如何理解商品价格调整的行为。企业调低商品价格，向消费者让利的行为可能被理解为商品销售不畅，或企业面临经济困难。有时，企业以一个良好的动机变动价格反而会产生对自己不利的结果。因此，企业变动价格时必须关注消费者对价格调整的反应。

（一）消费者对价格变动的反应

不同市场的消费者对价格变动的反应是不同的，即使处在同一市场的消费者对价格变动的反应也可能不同。从理论上来说，可以通过需求的价格弹性来分析消费者对价格变动的反应，弹性大即反应强烈，弹性小即反应微弱。但在实践中，价格弹性的统计和测定非常困难，其状况和准确度常常取决于消费者预期价格、价格原有水平、价格变化趋势、需求期限、竞争格局以及产品生命周期等多种复杂因素，并且会随着时间和地点的改变而处于不断的变化之中，企业难以分析、计算和把握。所以，研究消费者对调价的反应，多是注重分析消费者的价格意识，即消费者对商品价格高低强弱的敏感性。我们将消费者对价格变动的反应归纳为：

（1）在一定范围内的价格变动是可以被消费者接受的。提价幅度超过可接受价格的上限，则会引起消费者不满，产生抵触情绪而不愿购买企业产品；降价幅度低于下限，会导致消费者的种种疑虑，也对实际购买行为产生抑制作用。

（2）在产品知名度因广告而提高、收入增加、通货膨胀等条件下，消费者可接受价格的上限会提高；在消费者对产品质量有明确认识、收入减少、价格连续下跌等条件下，消费者可接受价格的下限会降低。

（3）消费者对某种产品降价的可能反应是：企业薄利多销；该产品低价销售是企业竞争的结果，企业打价格战，消费者可以低价购买高品质的产品；厂家、商家减少库存积压；该产品质量下降或出现质量问题；该产品市场销售不畅；该产品将被新产品替代；该产品货号不全；该产品式样过时；该产品为季节性较强的商品；企业财务困难，不能继续生产经营等。

（4）消费者对某种产品提价的可能反应是：该产品数量有限，或供不应求，或产品稀少；提价说明该产品畅销，质量已经得到消费者的认可；该产品有特殊的用途，或产品能增值，或产品有收藏价值；该产品生产成本上升；该产品广告宣传费用较高；卖方以为购买者的急需程度高、经济承受能力强而漫天要价；受到通货膨胀的影响。

三、价格阈限

消费者的感觉存在阈限，商品价格同样也有阈限。与感觉阈限一样，商品的价格阈限同样包括绝对价格阈限和差别价格阈限。

（一）绝对价格阈限

价格阈限是指消费者心理上所能接受的价格界线，即所调的绝对价格阈限。绝对价格阈限可分为上绝对阈限和下绝对阈限两种。绝对价格阈限的上限是指可被消费者接受的商品的最高价格；绝对价格阈限的下限是指可被消费者接受的商品的最低价格。在日常生活中，消费者根据自身感受的传统价格印象、自身的价格评价标准，加之消费者之间的相互影响，对每种商品都有一个心目中的价格范围。商品价格若高得超过上限，就会抑制购买，使消费者感到销售者在漫天要价而却步；价格若低得低于下限，则会引起消费者的负反应，导致对该商品的种种疑虑心理。例如，如果有人愿意以 10 元钱的价格卖给你一颗钻石，你肯定会认为这是赝品或是来路不明的商品。

绝对价格阈限的上限或下限会因不同的因素作用而不同，也可能因为消费者的不同而不同。这两种阈限虽然在一定条件下相对稳定，但又都可以通过市场力量加以改变。例如，大量的广告宣传可以使消费者觉得某种品牌的商品更值钱，于是价格的绝对阈限上限便会因此而提高；消费者假如遇到一种低于下限的不平常的价格，常常需要经过紧张的思考，加以分析判断。如果此时消费者把商品价格的降低归为销售情况而不是质量问题，即认为是市场需求所造成的，则可能会降低下限，接受这一价格。于是价格的下限就会因此降低。

在现实生活中，价格阈限是一个随着时间变化而变化的动态心理因素。因为随着经济的发展，商品中技术成本含量在增大，资源减少造成供求紧张，因而价格上升；由于工资提高造成的成本费用增加，价格刚性及生活水平的提高等，都会促使商品价格呈稳步上升的趋势。特别是在通货膨胀时，价格上限会全部向上移动，今天的正常价格，可能会成为明天美好的记忆。20 世纪 50 年代，街头小贩沿街叫卖的"5 分钱一只"的茶叶蛋，在今天消费者心中早已成了遥远的记忆，随着价格的不断上涨，消费者在价格再次上涨前会产生一种抢购的"通货膨胀心理"。从价格意识上看，通货膨胀会增加消费者的价格意识，但会降低价格敏感性及其对高价的抵抗力。商品价格的轮番上涨最初会遭遇消费者的强烈反应，但久而久之，则可能使部分消费者变得麻木，反应迟钝，这可能是由于消费者适应了价格上涨的缘故。此时，消费者反而会对价格下降表现出高度的敏感性。由此可见，价格绝对阈限的概念实际上只有相对的意义，因为在市场条件下，这种"绝对价格阈限的界线"是可以波动的。

（二）差别价格阈限

即使商品的两种价格在客观上不一样，也不能假定消费者实际上知觉的价格也不同。相关研究表明，只有当价格差别达到一定水平时，消费者才能知觉到两种价格刺激之间的差别。刚刚能够引起消费者差别感觉的两种价格刺激之间的最小强度差称作差别价格阈限或差异阈。这一改变称为最小可觉察差异。根据韦伯法则，激发差异阈或者获得最小可觉察差异取决于改变的量。假设一种产品一般售价2元，现在以1元出售，大部分消费者都会认为这是一种降价。现在假设一种产品一般售价为200元，现在以199元出售，虽然节省的数量绝对值相同，但消费者不会同样地对待这两种降价措施。

研究表明，消费者对价格上涨要比下降更为敏感（这里不包括通货膨胀时期），并会因商品的不同而不同。而对于某些商品（如威信商品），则在涨落两方面较大的价格变化可能都没有多少影响。价格的适应水平理论则认为，消费者价格知觉的基础是最后所付的实际价格，即可接受的价格或公平的价格。由此，学术界提出了价格适应水平理论关于价格知觉的有关结论，即价格知觉与别的价格和使用价值有关；对于每一商品种类、每一可辨质量水平，都存在一个标准价格。标准价格是判断其他价格的基准，存在一个标准价格的中性区，在此区内价格变化不引起知觉变化。标准价格是一些相似商品的平均价格，购买者并非单一判断每一个价格，而是通过把每一个价格同标准价格或价格系列中的其他价格作比较进行判断。

以饮料为例，一般人对小容量饮料能接受的价格为2～4元，连可口可乐、百事可乐都只卖3元，而红牛定价却超出6元，显然高得离谱了。但如果红牛的产品定位是功能饮料，其价位则容易被消费者接受。由于消费者对许多商品往往不注意它们的精确价格，因而，在许多情况下，就会存在一个可接受的价格范围。如果商品价格落入这个范围，价格就有可能不被作为一个尺度。然而，若价格超出可接受范围的上限或下限，价格就变得很重要，同时，有问题的产品将被拒绝。

第三节　商品定价的心理策略

企业在定价时可以利用消费者的心理因素，有意识地将产品价格定得高一些或低一些以满足消费者生理的和心理的、物质的和精神的多方面需求，通过消费者对企业产品的偏爱或忠诚，扩大市场销售，获得最大效益。

一、撇脂定价策略

（一）撇脂定价的含义

撇脂定价是在新产品投放期，利用消费者"求新""猎奇"的心理，将商品高价投入市场，以期迅速获得利润，收回成本，减少经营风险，以后再根据市场销售情况逐渐适当降价的策略。这种定价方法的创意来源于从鲜牛奶中撇取奶油，先取其精华。先制定高价，利用消费者求新、求美、好奇的心理，从市场上"撇取油脂"赚取利润；当竞争者纷纷出现时，再逐步降价。

采取撇脂定价应具备的前提条件主要有：第一，新产品有明显的、突出的优点，支持产品的高价，能够使消费者产生是高档产品的印象；第二，市场有足够的购买者，他们的需求缺乏弹性，即使价格高，市场需求也不会大量减少；第三，高价使需求减少一些，产量也减少一些，单位成本增加一些，但这不会抵消高价所带来的利润；第四，在高价情况下，仍能独家经营，别无竞争者，有专利保护的产品即是如此。

（二）撇脂定价策略的优势和劣势

撇脂定价策略的优势：第一，可以提高新产品的品位，价格通常是消费者判断一个商品优劣的主要依据，因此高价格会使消费者感觉到商品的高品位；第二，能尽快收回成本，赚取利润；第三，提高了价格调整的余地，增强了价格的适应能力，即当商品的价格不适应市场的需要时，可以有一定的调价空间，给商品适应市场留下了一定的余地。

撇脂定价策略的劣势：第一，商品的高利润必将引来对手的激烈竞争，竞争越激烈，商品滞留在市场的时间就会越长，对产品的营销和推广造成的压力也会相应增大；第二，撇脂定价法是一种不利于消费者的定价方法，所以对于企业树立形象、后续的生产和产品推广不利；第三，当价格超过消费者心理标准时，会导致商品无人问津，给产品的推广带来一定的压力和风险。

（三）撇脂定价策略的应用

撇脂定价策略一般应用于一些市场寿命较短、更新换代速度较快的特殊商品。比如时装、时尚用品、手机等产品，手机产品在初次面市到价格下降至原来价格的一半，通常是一年左右的时间，由于产品的特殊性，消费者可以接受这个定价，并认为是理所当然的。

一些科技含量高的产品，由于其技术的问题，其他商家在开发时，也需要很多的时间才能掌握相应的技术，所以可以采用撇脂定价策略，来获得由于技术能力所导致市场稀缺的市场利益。

二、渗透定价策略

（一）渗透定价的含义

渗透定价策略是根据消费者求实、求廉的心理，以低价进入市场，以获得消费者好感并迅速占领市场，待打开销路后再逐步提高价格的方法。

多数的消费者在购买日用品时，选价心理是低价倾向。渗透定价法迎合了消费者求实惠、求价廉的心理。因此，该定价法有利于消费者态度的形成。低价渗透的方法更容易让多数的消费者试用，增加消费者使用机会，从而慢慢喜欢产品，为产品培养固定的消费群体。

（二）渗透定价策略的优劣势

渗透定价策略的优势：第一，有力地把消费者吸引过来，使新产品迅速进入市场，扩大市场占有率；第二，低价渗透也使竞争者难以抗衡，不会有太多的竞争对手，为产品的长期推广建立了条件。

渗透定价策略的劣势：当商品打开销路并占领市场后提高商品价格，容易引起消费者心理上的反感甚至抵制，所以应注意提价的幅度与时机。同时，这种定价策略投资的回收周期较长，因此生产能力较小的企业不宜采用。

（三）渗透性定价策略的应用

这种定价策略一般多用于日常生活必需品的定价，如食品、低值易耗的日用品等。

案例：戴尔直销
999 元打印机

三、非整数定价策略

非整数定价策略就是给商品制定一个带有零头的非整数价格，也叫零头定价、尾数定价。非整数定价策略在商品价格中是一种比较常用的策略，但在不同的国家和地区由于消费者的风俗习惯与价值观的差异，在具体运用时也存在一些差别。例如，在美国，因消费者普遍存在着"单数比双数少，奇数显得比偶数便宜"的心理定式。因此，美国零售商给商品定价时，价格的最后一位

笔记本电脑的
999 元风

总是奇数，而且 5 美元以下的价格，末位数为 9 最受欢迎，5 美元以上的价格，末位数是".95"的定价销售情况最佳。而在日本，消费者对末位数为"8"的价格比较易于接受，因为"8"在日本有"吉祥如意"的含义，类似于我国广东、香港地区，实践也证明了这一点。

非整数定价策略是一种典型的心理定价策略，这种策略的心理依据是利用消费者对商品价格的感知差异所造成的错觉而刺激购买。该策略之所以取得较好的实践效果，主要是因为它存在如下三种明显的心理功能：第一，给消费者造成价格偏低的感觉，如 99.87 元

一台收音机比 100.00 元感觉便宜不少；第二，给消费者留下定价准确的印象，从而产生信任感；第三，使消费者产生美好的联想。

总之，该定价策略意在根据消费者的某种特殊心理，利用一些巧妙的数字安排，给消费者造成某种错觉，从而满足其特殊需要，刺激消费。当然，也不能把价格搞得过于烦琐，不能对追求高价位形象的产品采用此策略，否则，效果可能适得其反。

四、整数定价策略

整数定价策略指企业定价时只取整数而不要零头。因为市场上商品繁杂，在交易中消费者往往以价格作为辨别商品质量的指示器，一些高档名牌商品更是如此。对于该类商品宜采用整数定价，迎合消费者高价格意味着高质量的求贵心理，既有利于消费者尽快做出购买决策，亦有利于企业的商品销售。

五、声望价格策略

一家商店经过多年经营，在消费者心目中有了声望，该商店销售的商品，价格就可以较一般商店稍高。一个工厂生产的商品成为名牌，消费者对它产生了信任感，售价也可以较高，这就是声望定价。中华老字号如"同仁堂"的药品、"六必居"的酱菜比一般同类品牌的产品都贵，就是这个道理。声望价格策略是根据消费者对某些商品的信任心理或"求名"心理而制定的高价策略。

声望定价特别适用于质量不易鉴别的商品。如皮大衣，两家商店都出售，一家声誉高，顾客会认为，高级商店的高价商品代表着质量好。在有些国家，对于汽车、照相机、手表等商品，采取这种定价方法而取得成功的事例不胜枚举。

当然，声望定价和其他定价方法一样，也有其适用范围和界限。在使用声望定价策略时应注意以下两点：首先，必须是具有较高声望的企业或产品才能使用声望定价策略；其次，价格水平不宜过高，要考虑消费者的承受能力，否则，顾客只好"望名兴叹"，转而购买替代品了。

六、习惯价格策略

这是根据消费者对价格的习惯心理而对某些商品按其习惯价格定价的方法。对于某些商品，其价值不高，但是消费者必须经常、重复地购买，这类商品的价格也就"习惯成自然"地为消费者所接受。采用习惯价格有两个明显的好处：一是给消费者以价格合理的感觉，易于为他们所接受，利于保持一个稳定的消费市场；二是由于价格在某种程度上的固定不变，给消费者留下一个价格稳定的印象。

习惯价格策略适用于消费者所广泛接受的、消费量较大的商品，如日用轻工业品，包括肥皂、牙膏、火柴、洗衣粉等，以及生活必需品，包括粮食、植物油、食盐等。

消费者往往对这类商品价格变动的敏感性特别高，因此，对这类习惯价格的调整应当十分谨慎，要充分考虑消费者的这种习惯性倾向，尽可能采取渐进式的办法解决，以逐步形成新的消费价格。否则，一旦破坏消费者长期形成的消费习惯，就会使之产生不满情绪，导致购买的转移。若确实需要调整价格，则应预先做好宣传工作，让顾客充分了解调价原因，先让价格为消费者心理所接受，然后比照市场同类商品价格进行调价。

七、招徕定价策略

这种策略是指多品种经营的企业将一种或几种商品的价格定得特别低或特别高，以招徕消费者。如超市出售1元一只烧鸡，或是卖出天价月饼、极品茶叶等。这种策略的目的是吸引消费者在来购买招徕商品时，也购买其他商品，从而带动其他商品的销售。这种定价策略常为综合性百货商店、超级市场甚至于高档专卖店所采用。例如，日本创意药房在将一瓶200元的保健药品以80元超低价出售时，每天都有大批人潮涌进店中抢购补药，按说如此下去肯定赔本，但财务账目却显示出盈余逐月骤增，其原因就在于没有人来店里只买一种药。人们看到这种药便宜，就会联想到其他药也一定便宜，反而促成了更多的购买行动。

采用低价招徕定价策略时，必须注意以下几点：第一，降价的商品应是消费者常用的，最好是适合于每一个家庭应用的物品，否则没有吸引力；第二，实行招徕定价的商品，经营的品种要多，以便使顾客有较多的选购机会；第三，降价商品的降价幅度要大，一般应接近或者低于成本，只有这样，才能引起消费者的注意和兴趣，才能激起消费者的购买动机；第四，降价商品的数量要适当，数量太多商店亏损太大，数量太少容易引起消费者的反感；第五，降价商品应与因残次而削价的商品明显区别开来。

高价招徕与低价招徕恰恰相反，它是利用人们的好奇心理将产品标以高价来吸引顾客的。与低价招徕的出发点相同，这种策略也是通过"特价"产品来推动普通产品的销售量的。人们总是有着探寻新奇事物的倾向，当市场上推出一种"高价"的商品，而这种商品又为人们所熟悉时，人们总会产生这样的疑问：为什么这件商品会以这样高的价格出售？他们会在心中做出种种猜测，并希望一探究竟。例如，珠海九州城曾经出售过一种价格高达3000港币的打火机，这引起了许多人的兴趣，大家慕名而来，都想看看这种"名贵"的打火机究竟怎样特别。当然，购买此种高价打火机的人寥寥无几，但是它旁边柜台售价3元一只的打火机却因此打开了销路。

在使用高价招徕策略时应当注意：第一，所使用的商品应当是顾客所熟悉的，这样才可以引起他们的好奇心理；第二，这种高价商品应当确实有其与众不同之处，否则这种定价策略不免有些"哗众取宠"。

八、折让定价策略

该策略的心理作用是直接而显著的，因为他让购买者"爱占便宜"的心理得到充分而直接的满足，因而往往能有效地刺激和鼓励消费者大量购买乃至连续购买。

折让价格的方式是多种多样的：有的可以根据购买的金额或数量决定折扣率；有的可以采用优惠老顾客或经常购买者的方式，在他们重复购买时给以一定幅度的折扣等；有的可以优惠那些带头购买试销产品的消费者；有的则可以优惠那些在淡季购买商品的消费者等。

另外，折让价格中可以充分利用"货币错觉"。例如，针对"降价没好货"的购买心理，日本三越百货公司利用"货币错觉"，实行"100 元买 110 元商品"的推销术，第一个月即增销 2 亿日元。这是一种超常的折价术。一般折价时都喜欢用打折法，如"100 元卖 90 元"为九折法，它给消费者的直觉反应是削价求售。而"100元买 110 元商品"其实是一种"偷梁换柱"的调包计，但它却给人造成一种货币价值提高的心理。从表面上看，两者似乎都是 10% 的差价，而实际上"100 元买 110 元商品"比打九折要高出约 1% 的利润。

打折就忍不住
买买买该如何
摆脱剁手魔咒

九、最小单位定价策略

它是指企业把同种商品按不同的数量包装，以最小包装单位量制定基数价格，销售时，参考最小包装单位的基数价格与所购数量收取款项。通常，包装越小，实际的单位数量商品的价格越高；包装越大，实际的单位数量商品价格越低。这一策略的优点是：第一，能满足消费者在不同场合下的需求，如 250 毫升装的酒对旅游者就很方便；第二，利用了消费者心理错觉，因为小包装的价格使人误以为廉。实际生活中，消费者不愿意去换算实际重量单位或数量单位商品的价格。比如，对于质量较高的茶叶，就可以采用这种定价方法。如果某种茶叶定价为 150 元 /500 克，消费者就会觉得价格太高而放弃购买。如果缩小定价单位，采用 15 元 /50 克的定价方法，消费者就会觉得可以买来试一试。如果再将这种茶叶以 125 克来进行包装与定价，则消费者就会嫌麻烦而不愿意去换算出每 500 克是多少钱，从而也就无从比较这种茶叶的定价究竟是偏高还是偏低。

十、折扣定价策略

这种策略是指在特定条件下，为了鼓励消费者及早付清货款，大量购买或淡季购买，企业酌情调整商品的基本价格，以低于原定价格的优惠价格销给消费者。这一定价策略的理论基础是利用消费者求廉、求实、求新的心理。例如，日本东京银座美佳西服店为了销售商品，采用了一种折扣销售方法，获得成功。具体方法是这样的：先发一个公告，介绍某商品品质性能等一般情况，再宣布打折的销售天数及具体日期，最后说明打折方法——第一天打九折，第二天打八折，第三、第四天打七折，第五、第六天打六折，以此类推，到第十五、十六天打一折。这个销售方法的实践结果是：第一天顾客不多，来者多半是来探听虚实和看热闹的；第三、第四天人渐渐多起来；第五、第六天打六折时，顾客如洪水般涌向柜台抢购；以后连日爆满，没到一折售货日期，商品就已售罄。这是一则成功的折扣定价策略。妙在准确地抓住顾客购买心理，有效地运用折扣售货方法销售。人们当然希望买质量好又便宜的货，最好能买到二折、一折价格出售的货，但是有谁能保证你想买时还有货呢？于是出现了前几天顾客犹豫，中间几天抢购，最后几天买不着者惋惜的情景。

十一、分级定价策略

这种定价策略是指把不同品牌、规格及型号的同一类商品划分为若干个等级，对每个等级的商品制定一种价格。这种定价策略的优点在于不同等级商品的价格有所不同，能使消费者产生货真价实、按质论价的感觉，能满足不同消费者的消费习惯和消费水平，既便于消费者挑选，也使交易手续得到简化。在实际运用中，要注意避免各个等级的商品标价过于接近，以防止消费者对分级产生疑问而影响购买。

十二、组合定价策略

组合定价法是指企业在生产经营两种或两种以上的相互关联、互相补充的商品时，根据消费者的心理而采取的相互补充的定价技巧。一个企业一般要经营多种产品，而这些产品之间往往具有替代或互补关系。为此，企业在定价时，应着眼于长远利益，对于有补充关系的商品应区别对待。对于那些价值大、购买次数少、消费者对价格变动较为敏感的商品定价低些，以吸引消费者；而对于他们补充使用的、价值小、购买次数多和消费者对价格变动迟钝的商品，价格可适当定得高些。

对于组合包装商品，既可以实行组合购买优惠价，也可以实行赠送配套商品的定价技巧，以促进消费者成套购买，节约营销成本，扩大销售量，加速资金周转，增加盈利。如春节购买零食，对于单独购买一件的消费者，可按原价出售；若成套购买，则给予一定的价格优惠，这样将会刺激消费者的购买欲望。

第四节　商品调价的心理策略

在市场经济条件下，随着市场营销环境的变化，企业产品制定出价格以后，价格的调整与变动是经常发生的。在调整价格时，应认真研究价格调整对消费者心理的影响，使消费者能够在心理上承受价格的调整。企业产品价格调整，既可能是由于企业内部利用自身的产品或成本优势而进行的主动调价，也可能是来自于外部的压力而进行的被动调价。无论是主动调整，还是被动调整，不外乎是降价和提价两种形式。

价格调整的心理策略

一、商品降价的心理策略

商品降价是经营者面临的最严峻且具有持续威胁力量的问题。企业经营者需要认真分析降价的原因，以及消费者由此所产生的心理反应，最终谨慎地做出降价决策。

（一）商品降价的原因

商品降价的原因很多，有企业外部需求及竞争等因素的变化，也有企业战略成本等内部因素的变化，还有国家政策、法令的制约和干预等。

商品降价的原因

（二）消费者对商品降价的心理反应

消费者对商品降价做出的反应是多种多样的，有利的反应是认为企业生产成本降低了或企业让利于消费者，从而起到激发消费者购买欲望，促使其大量购买的作用。

但在现实生活中，消费者却会做出与其相反的各种心理和行为反应，最终会"持币待购"，或"越降越不买"。主要原因有：

（1）消费者会产生"便宜没好货"的心理联想；

（2）消费者自认为不同于一般低收入阶层，不可以购买低档货，认为便宜货有失身份，有损自尊心和满足感；

（3）消费者会认为企业由于新产品问世而进行老产品的降价处理，老产品马上会被淘汰，后期维修会得不到保障；

（4）认为降价商品可能是过期产品、残次品、库存品或低档品，功能少，质量不好，实用价值降低；

（5）认为该产品供过于求，已经开始降价，可能还会继续降价。

苹果定价策略揭秘

（三）商品降价的心理策略与技巧

1. 商品降价的条件

（1）消费者注重产品的实际性能与质量，而较少将所购产品与自身的社会形象相联系。

（2）消费者对产品的质量和性能非常熟悉，如某些日用品和食品，降价后仍对产品保持足够的信任度。

（3）消费者需要企业向其充分说明降价的理由，并使其感到能够接受。

（4）即使企业和产品品牌信誉度高，消费者也只有在以较低的价格买到"好东西"时才会满意。

2. 商品降价的原则

（1）控制好成本。市场营销的目的是要把产品推销出去，最大限度地占有市场，增加产品的销售量和市场占有率，同时赚取尽可能多的利润。在降价营销时，不能过于盲目，应考虑产品成本，在此基础上进行一定程度的降价促销。市场的营销者还应该在采购、促销方面降低费用，从而达到降低成本的目的。

（2）控制好品种。在降价时，必须做到心中有数，有的放矢。应该把自己所营销的品种进行分类，确定哪些可以降价，哪些不适合降价。弄清楚应该降价多少才能吸引客户，并使企业获得最大利益。

（3）做好服务。企业一定要把价格促销与良好的服务结合起来，通过价格来吸引消费者，通过服务让消费者满意，做到相互促进，相互支持。如果没有良好的服务，纯粹的降价促销作用有限。

（4）有的放矢。在降价之前，应该确定好降价促销的方向、目的、服务的人群、要达到的效果等。每一次降价不可能让所有消费者满意，降价的品种也是有限的，因此一定要把握好降价促销的重点人群。如在中秋节、春节，应该以高档礼品类为降价促销重点。

（5）一步到位。产品降价必须坚持"一步到位"的原则，不能过于频繁地不断降价，否则会造成消费者对继续降价产生预期或对产品的正常价格产生不信任感。

3. 商品降价的时机选择

确定何时降价是调价策略的一个难点，通常要综合考虑企业实力、产品在市场生命周期所处的阶段、销售季节、消费者对产品的态度等因素。

企业可以选择在以下时机进行降价促销：

（1）商品进入成熟期后降价；

（2）由于市场领导者率先降价，作为竞争对手跟进降价；

（3）季节性商品换季降价；

（4）"假日经济"，重大节日降价酬宾；

（5）商家庆典活动降价，如新店开张、开业 100 天、开业周年庆、销售提前完成任务等；

（6）特殊原因降价，如企业搬迁、改变经营方向、经营场地租赁期满等。

有的商家虽然一年四季降价不断，但每次都是名正言顺，事出有因，降价次数虽然多了点，但也没有损害商家或商品形象。而有的商家打出的降价招牌上写着"清仓大甩卖""降价处理"等给人不良印象的字眼，次数多了就容易贬损商店形象，给人一个卖廉价处理商品的低档形象。企业选择降价，应尽量使用"折扣优惠价""商品特卖""让利酬宾"等给人较好印象的字眼。

4. 商品降价的技巧

降价最直接的方式是将企业产品的目录价格或标价绝对下降，但该方式有时会给消费者带来不利的心理影响，导致竞争者不满甚至可能引发价格大战，因此企业更多的是采用各种折扣或其他暗中降价的形式，如数量折扣、现金折扣、回扣和津贴等形式；赠送样品和优惠券，实行有奖销售；给中间商提取推销奖金；允许消费者分期付款；赊销；免费或优惠送货上门、技术培训、维修咨询；提高产品质量，改进产品性能，增加产品用途；等等。由于这些方式具有较强的灵活性，在市场环境变化时，即使取消也不会引起消费者太大的反感，同时又是促销策略，因此在现代经营活动中运用较为广泛。

在商品降价时，要注意以下问题。

（1）降价幅度要适宜。幅度在 10% 以下时，不能激发消费者的购买欲望，起不到促销效果。降价幅度至少要在 15% ～ 30% 及以上，才会产生明显的促销效果。但降价幅度超过 50% 时，必须说明大幅度降价的充分理由，否则消费者会怀疑这是假冒伪劣商品，反而不敢购买。但对季节性较强的服装商品而言，在季末则通常使用"5 折"甚至更大的折扣，消费者则会产生"物美价廉"的感觉。

（2）一家商店少数几种商品大幅度降价，比很多种商品小幅度降价促销效果好。知名度高、市场占有率高的商品降价的促销效果好，知名度低、市场占有率低的商品降价促销效果差。

（3）向消费者传递降价信息有很多种办法，把降价标签直接挂在商品上，最能吸引消费者立刻购买。消费者不但一眼能看到降价金额、幅度，同时能看到降价商品。两相比较，立刻就能做出买不买的决定。

（4）在降价标签或降价广告上，应注明降价前后两种价格，或标明降价金额、幅度。有商家会把前后两种价格标签挂在商品上，以证明降价的真实性。

（5）消费者购物心理有时候是"买涨不买落"。当价格下降时，他们还会持币观望，等待更大幅度的降价；当价格上涨时，反而争相购买，形成抢购风潮。商家要把握时机利用消费者这种"买涨不买落"的心理，来促销自己的商品。

（6）企业无论采取何种降价措施，都要努力做好宣传工作，尽可能使消费者了解降价的真正原因，打消他们对降价的疑虑，这样才能使降价策略行之有效。

二、商品提价的心理策略

价格上涨是一种正常的经济现象，但对消费者来讲总是不利的，所以消费者通常对价格上涨会产生一种本能的反感。企业迫于各种原因不得不提价时应充分考虑消费者的购买力和心理承受能力，认真分析和预测提价后消费者可能产生的心理反应，并采取相应的心理策略。

（一）商品提价的原因

（1）应付产品成本增加，减少成本压力。通货膨胀带来物价上涨，导致企业成本费用提高，这是产品价格上涨的主要原因。由于原材料、劳动力成本上涨，或者是由于生产或管理费用提高，企业为了保证利润率不会因此而降低，也会采取提价策略。

邮政涨价分析

（2）企业改进了生产技术，提高了产品质量，增加了产品功能和售后服务，由此进行的价格提升。此种提价需要企业加大广告宣传的力度，以便消费者充分知晓。

（3）产品供不应求，遏制过度消费。对于某些产品来说，在需求旺盛而生产规模又不能及时扩大而出现供不应求的情况下，可以通过提价来遏制需求，同时又可以取得高额利润，在缓解市场压力、使供求趋于平衡的同时，为扩大生产做好准备。

（4）产品需求价格弹性小且替代产品少，企业的提价不会引起销售的剧烈变化，还可以促进商品利润的提高。

（5）利用消费者心理，创造优质效应。作为一种策略，企业可以利用涨价策略营造名牌形象，使消费者产生价高质优的心理定式，以提高企业知名度和产品声望。

（6）国家出于对资源合理利用以及发展经济等方面的原因而有意识地提高某种商品的价格。

（二）消费者对商品提价的心理反应

商品价格提高理论上会抑制消费者的购买欲望，减少实际购买需求。但在现实生活中，消费者同样会做出与此相反的各种心理反应。

（1）商品提价可能是因其具有某些特殊的使用价值，或具有更优越的性能。

（2）商品已经在提价，可能还会继续上涨，应尽快抢购，以防将来购买吃亏。

（3）商品涨价，说明是热门货，有流行趋势，应尽快购买。

（4）商品涨价，可能是限量发行，有升值空间。

（5）商品涨价，可能出现断货。

（三）商品提价的心理策略与技巧

1. 商品定价应具备的前提条件

（1）消费者的品牌忠诚度很高，是品牌的偏好者，他们忠诚于某一特定品牌，不因价格上涨而轻易改变购买习惯。

（2）消费者相信产品具有特殊的使用价值，或具有更优越的性能。

（3）消费者有求新、猎奇、追求名望、好胜攀比的心理，愿意为自己喜欢的产品支付高价。

为啥可乐不涨价

（4）消费者能够理解价格上涨的原因，能容忍价格上涨带来的支出的增加。

> **【头脑风暴及应用】**
>
> 　你接受商品提价吗？在你周围有哪些商品存在提价现象？你认为它们提价的原因是什么？

2. 商品提价的时机选择

为了保证提价策略的顺利实现，提价时机可选择在以下几种情况下。

（1）产品在市场上处于优势地位。

（2）产品进入成长期。

（3）季节性商品达到销售旺季。

（4）一般商品在销售淡季。

（5）竞争对手产品提价等。

总之，提价要掌握时机。商品提价后，可能会有大批消费者转向其他品牌，分销商也会施加一定的压力，这会给竞争者抢占市场带来机会。如果提价失败，再恢复原价，将对企业品牌信誉造成负面影响。

3. 商品提价的技巧

提价确实能够增加企业的利润率，但却会引起竞争力下降、消费者不满、经销商抱怨，甚至还会受到同行的指责和政府的干预，从而对企业产生不利影响。虽然如此，在实际中仍然存在着较多的提价现象。

（1）直接提价。直接提价是指直接提高产品价格。如某种型号的彩电，原先卖 3000 元一台，现在卖 3500 元一台。

普通商品直接提价时应注意提价幅度一般不宜过大，幅度过大会损失大批消费者。国外一般以 5% 为提价幅度界限，认为这样符合消费者的心理承受能力。而在我国，一些特殊商品往往出现30%、50%甚至更高的提价幅度，也能引起消费者的购买行为。同时，商品提价要信守谨慎行事的"走钢丝"原则。要尽量控制提价的幅度和速度，即提价的幅度宜小不宜大，提价的速度宜慢不宜快。要循序渐进，不能急于求成。

（2）间接提价。间接提价是指企业采取一定方法使产品价格表面保持不变但实际隐性上升。如暗地里更换产品型号、种类，变相提价；缩小产品的尺寸、分量；使用便宜的代原料；减少价格折让等优惠条件；缩短保修期等。一般地，降价容易涨价难，调高产品价格往往会遭到消费者的反对。因此，在使用涨价策略时必须慎重，尤其应掌握好涨价幅度、涨价时机，并注意与消费者及时进行沟通。

此外，在方式选择上，企业应尽可能多地采用间接提价，把提价的不利因素减到最低程度。使提价不影响销售和利润，而且能被潜在消费者普遍接受。同时，企业提价时应通过各种渠道向消费者说明提价的原因，做好宣传解释工作，配以产品促销策略，并帮助消费者寻找节约途径，提供热情周到的增值服务，以求得消费者的理解和支持，维护企业形象，提高消费者信心，刺激消费者的需求和购买行为。

➤ 知识练习与思考

1. 商品价格对消费者心理有哪些影响？
2. 影响商品价格的社会心理因素有哪些？
3. 消费者有哪些价格心理特征？
4. 商品定价的心理策略有哪些？
5. 商品降价和提价的原因有哪些？在具体操作时要注意哪些问题？

➤ 案例分析与应用

这家公司从不打广告，带着顾客瞎玩就能年入750亿！

一家奇葩的体育用品公司，不仅不务正业，还把实体店玩出花样：这家店搞得很像一个健身房，店面大到可怕，店员上班就一件事——带着顾客玩。在店里，他们带着顾客一起练瑜伽、打羽毛球、跑步，更夸张的还有打高尔夫的。想买自行车，先来体验超嗨的单车试骑。本来只想来挑个球鞋，没想到跟一帮店员踢了场足球比赛。

迪卡侬中国

最奇葩的是，这家店跟耐克、阿迪达斯非常不同，这种让人愉快的购物体验并不需要什么高昂的花销，反而价格便宜到惊人：14元的沙滩鞋、29元的泳衣、49元的速干衣、59元的轻量级背包……

这家奇葩的公司就是迪卡侬，从1976年法国一家销售体育休闲用品的小超市，到40年后年销售额超700亿、在全球28个国家开展业务、总共拥有1176个门店的大公司，迪卡侬是体育界当之无愧的"宜家"（如图6-1所示）。

图 6-1　迪卡侬门店

一、反其道而行，为节约成本，这家公司就像一个家境贫寒的主妇

迪卡侬最显著的一个特点就是——"抠"，为了省钱，这家开了 40 年的大公司不但没有一点法国的贵族气质，而且"抠"得连家庭主妇都自愧不如。

1. 包装毫无格调，买鞋连鞋盒都不给。虽然不指望迪卡侬做得像星巴克一样，一个咖啡杯就成为朋友圈里的炫耀利器，但至少也要像耐克、阿迪达斯一样有个像样的盒子吧，这些在迪卡侬通通没有。买一个瑜伽垫外加一个背包，直接一个塑料袋装好就寄来了。买一双鞋，还是直接套个连 Logo 都没有的塑料袋，比无印良品还极简。

2. 广告商最头疼的客户，一条广告也不买！跟国产品牌和耐克、阿迪达斯疯狂砸钱做广告不同，广告公司根本赚不到迪卡侬这个"吝啬鬼"的钱。耐克为了纪念 Air Max30 周年，把李宇春、王俊凯拉来刷屏；阿迪达斯也不示弱，直接宣布到 2020 年，还要再花 55 亿元人民币广告费。而迪卡侬广告费用只占营业额的 1%。过去 13 年，迪卡侬不赞助体育赛事，也不邀请明星代言，甚至对媒体都是爱答不理的态度。店里根本找不到广告牌，放眼望去，最醒目的永远是黄底黑字的价签。

3. 开大店，不进黄金商圈。迪卡侬目前在中国有 230 家店，为了降低成本，这些店基本上都远离大型商业中心，选择交通便利的郊区，一般迪卡侬会选择签长约，一次就签 20 年。就连在场地装修上，也以蓝色调为主，在保证整洁雅观的基础上，装修的钱能省则省。

二、厚颜无耻的低价

每一个零售巨头的诞生，都以价格破坏者的形象出现。迪卡侬的价格，是很多过了大半辈子苦日子的中国父母都觉得便宜的价格。这个便宜跟山寨货不同，迪卡侬的便宜是质量过得去的那一种，堪称是运动界的优衣库。比如镇店神器抓绒衣，49.9 元，价格低得惊人但是质量过硬。不夸张地说，市面上千元以内的产品，都鲜少能有与之抗衡的。

迪卡侬扩张了之后，产品的质检标准依旧是遵循着欧盟的标准来执行。欧洲标准是世界上最严格的标准之一，这给人一种强大的安全感，也是许多入门爱好者偏爱迪卡侬的原因：在这个价格范围内，你知道它不能对标奢侈品，但你同时也清楚它再差也差不到哪儿去。

为了把性价比做到极致，迪卡侬搞了一套高度垂直的供应链。迪卡侬控制产业链两端，即在全球采购原材料之后，自己设计自己加工自己卖，实现没有中间商赚差价。

在卖场内，虽然有60多项运动种类、超过35000种运动产品，但90%的产品都来自迪卡侬旗下自有的运动品牌。在整个产业链中，每一个环节都成了节省成本的地方。不仅控制了成本，而且能够掌握消费者的第一手信息。

三、不花钱的健身房，把用户体验放在首位，才能逆势而起

迪卡侬实在不是一个正经的大型运动超市，为了让顾客感受到高潮迭起的购物体验，花钱绝对不手软。

迪卡侬的员工，不仅很多都是高价聘请，而且一个个任性到不行。别人家店员的工作一般是要推销产品，但迪卡侬店员的主要任务，就是培训和陪玩。

比如，上海有家迪卡侬，如果你在高尔夫球区见到店员正在向顾客示范挥杆的正确姿势，那不用质疑这个人的能力，他是部门经理，可另一个身份就是老挝前高尔夫球国家队队员。

迪卡侬的店员大多都有专业运动员训练或从业经历，你可以在迪卡侬免费学任何你想要学的运动，也可以找到专业的人士咨询动作技巧，甚至还可以和店员一起做瑜伽。这样贴心的举动，可以说让很多运动小白都能爱上运动，连去健身房请私教的钱都省了。

迪卡侬让顾客如鱼得水，导购只有你招呼时才会出现，试5件衣服一件不买也没人给你脸色，没准还能拽着你打一场球。

四、为了让顾客体验得更尽兴，迪卡侬还砸钱干了件事：扩店

虽然不请代言也不打广告，可迪卡侬除了品类多到吓人外，店面也特别大，随便一个店就有4000平方米，市中心小一点的卖场也有1500平方米，店里到处都是方便试鞋的跑道。

在双休日去迪卡侬里面逛一圈，有人带着VR设备模拟露营。有小朋友骑着滑板车，因为地方足够大，完全不用担心安全问题。甚至为了展示马术装备，有时候会找来一匹真马让顾客感受。室内小型足球场还不够，许多迪卡侬商场还配有免费的室外篮球场和轮滑场地。抠门到省掉包装，不挤黄金地段，逼疯广告商的迪卡侬，鼓励所有人来试试他们的产品。轮滑区有保护顾客的栏杆，户外区有人工草坪，这些带来的损耗率让多少传统卖场肉疼，但迪卡侬认为这才叫把钱花在刀刃上。

如今，大批实体店被电商挤得生意大跌甚至关门大吉，迪卡侬却从来不缺顾客，40年如一日地保持着吸引力。时代淘汰的不是实体经济，而是不人性化的实体经济。也许这些反常规的做法看起来又笨又蠢，可还有什么比满足用户体验更理所应当呢？

问题讨论：

（1）迪卡侬集团使用了哪些价格心理策略？

（2）迪卡侬的成功运营有哪些经验值得同行业者借鉴？

➤ **项目实训**

【任务】

针对不同产品的消费者价格倾向进行调查，掌握由于消费者个人以及产品自身原因产生的价格倾向性心理。

【实训目的】

促进学生熟悉关于消费者的价格倾向性心理的相关知识；促使学生熟悉价格的倾向性心理的规律和应用；锻炼学生运用价格倾向性心理进行营销的能力。

【实训题目】

分别选取耐用品和日用品类的几种商品，对至少10个以上的消费者进行调查，分析这些消费者在价格倾向性心理的差异，分析这些差异的原因，以及其启发意义。

【实训方法】

1. 实训过程

第一步：将学生分成3个人一组；每一种商品选择10个以上的消费者调查其在价格选择的倾向：高价或低价；对10个人的价格选择倾向进行案例分析，将分析的结论形成文字；一个人负责课堂上分享。

第二步：以粘贴板的方式进行课堂讨论。以产品为核心，以笑脸贴的方法将每一组的调查结果（高价、低价倾向两个选项）分别贴在粘贴板上，汇总每一种商品高价与低价倾向的数量。

第三步：选择同学分析在这两类商品上，选择低价和高价倾向的原因；根据分析结果阐述对产品推广和营销的启发。

第四步：教师点评、汇总和提高。

2. 时间：40分钟左右

3. 地点：课下＋教室

【总结】

1. 消费者的价格倾向性心理，主要是指消费者对某一类产品的消费过程，出现价格选择倾向。这些倾向包括高价、低价倾向。比如，消费者在买耐用商品时，会比较喜欢买高价的商品，以让自己获得心理安全的感觉。

2. 消费者价格选择倾向主要和两个因素有关：一是商品的因素；二是消费者个人的因素。商品的因素，比如商品的科技含量高、价格高、对消费者更重要或是产品会影响消费者的安全等，消费者都会选择高价；消费者个人因素是指消费水平，消费水平偏高的消费者有选择高价的倾向。

3. 在分析消费者的价格倾向时，产品的因素容易分析，而个人因素相对困难。

第七章

当代社会消费者心理学的发展

► **导入案例**

消费者的"十买十不买"

20世纪90年代以来，我国消费者的消费心理出现了巨大的变化，人们在购买行为上出现了"十买十不买"。

"十买"是指：①名牌、质高、价格适中的商品买；②新潮、时代感强的商品买；③新颖别致、有特色的商品买；④迎合消费者喜庆、吉祥心理的商品买；⑤名优土特商品买；⑥拾遗补阙商品买；⑦卫生、方便、节省时间的商品买；⑧落实保修的商品买；⑨价廉物美的商品买；⑩日用小商品买。

"十不买"是指：①削价拍卖的商品不买；②宣传介绍摆"噱头"的商品不买；③无配套服务的商品不买；④无特色的商品不买；⑤缺乏安全感的商品不买；⑥一次性消费的商品不买；⑦无厂家、产地、保质期的"三无"商品不买；⑧监制联营的商品不买；⑨粗制滥造的商品不买；⑩不符合卫生要求的商品不买。由此可见，近年来人们的消费心理和行为变得更加理性化。

思考题

1. 消费者在购买行为中出现"十买十不买"的原因何在？

2. 运用自我观察法剖析个人消费心理的特点。

不同社会时期，人们的消费心理与行为有不同的特点。随着我国经济水平的提高，家庭结构的变化，人们需求的多样化，消费心理与行为和以前相比发生了很大的变化。

第一节　我国居民消费心理和行为的变化趋势

改革开放以来，我国居民消费规模不断扩大，人们的消费水平有了较大的提高，无论是消费观念、消费方式、消费内容，还是消费品市场供求关系都发生了一系列重大变化。人们对名牌商品的消费将更加注重，对环保、节能、精神文化等产品的普遍追求，将成为未来消费的时尚。

一、消费层次上升，消费领域扩大

21世纪初，我国消费结构处在重要的转型时期。从消费结构看，我国城镇居民已基本完成以耐用消费品为代表的第一次消费革命。目前，我国居民实物型消费的比重逐渐减少，精神文化、餐饮、旅游的消费稳步增加，这使得整个消费层次和消费结构发生变化，并带动了消费总体水平的提高。

随着经济的发展和居民消费水平的提高，旅游业、文化娱乐业、商业、服务业以不可抗拒的诱惑力吸引着消费者，如果说衣、食、住、行的消费是每个家庭的生活消费，那么休闲消费的投入比例随着消费者生活水平的提高呈逐年增加的趋势。节日、假期的旅游消费已列入城镇居民的消费计划之中。

文化消费的追求在城市家庭消费中日益受到重视。订购书、报，学习琴、棋、书、画，既是成年人文雅的休闲方式，也是青少年陶冶情操的需要。现代化的商业设施不仅成为消费者购物的天堂，更是让消费者逛得舒心、大饱眼福，为忙碌疲劳的市民们提供了"潇洒走一回"的新的享受机会。

休闲消费和休闲产业在我国社会生活中发展迅速。旅游业、娱乐业、服务业和文化业正在成为重要的满足人们休闲需求的经济形态和产业系统。虽然相比发达国家，我国休闲产业在发展上尚存在观念落后、产业发展不平衡、品种单一、供给不足等问题，但前景广阔。据世界旅游组织预测，2020年中国将成为全球旅游第一大国。随着人们生产、生活方式的提升与改变，民众休闲方式也已从单一的旅游休闲过渡到集旅游观光、生态体验、文化休闲、体育休闲等众多层次方式上。尤其是中国新型城镇化建设迅猛发展，生态、文化、体育、城乡休闲一体化，已经成为中国休闲产业发展的趋势。

随着生活质量的提高，人们对空调、各类新型家用厨具、卫生洁具、健身器、移动通信设备与家用计算机等产品的需求有了较大的增长。经过多年的购买力积累，我国城镇消费热点开始转向家用轿车、商品房等新领域；同时，随着政府减轻农民负担、增加农民收入、改善农村消费环境措施力度的不断增强，农村居民潜在购买力开始逐渐释放，家用电器等耐用消费品的需求呈加速增长态势。

总之，在不同层次上，我国城乡居民消费结构都处于升级换代时期。这一轮消费结构升级所形成的巨大"内需"，将为我国经济的持续增长注入强劲的动力，有利于促进产业结构调整和产业结构升级，为众多新兴产业的发展提供难得的机遇。

二、个性追求，情感消费

（一）个性消费

社会生活的多样化趋势，使人们的消费心理和消费行为表现出越来越大的差异，个人消费意识明显提升。例如，20世纪80年代流行的红裙子。当时爱赶时髦的女士恨不得都穿这样一条裙子，大家走在街上，彼此欣赏着。20世纪90年代初，呼啦圈风靡一时，从城市到乡村，从老人到小孩，都爱在腰上套上一个，用力地悠着，自得其乐。可是现在如此这般趋同的流行，只能作为特殊时代的消费文化封存在记忆中了。相反，今天的年轻人更喜欢求异而不喜欢趋同，他们到裁缝店量体裁衣不再是为了省钱，而是要那"独一份"。年轻人不会再为自己没有和别人一样的红裙子而烦恼，只会因为和别人穿了同样的红裙子而不快，因为时代不同了。

1. 对个性消费的一般认识

个性消费是人们要求自己所使用的产品能打上自己的烙印，让产品体现自己的个性和心情；或者虽然不能完全自主去设计产品，但至少产品的某一部分可以自主去设计。目前，个性化消费正在我国悄然兴起，那些满足个性时尚、满足各种差异化需求、对市场进行更为细致的划分的商品零售业，受到消费者的普遍欢迎，如职业装、休闲装、淑女装的服饰分类布局，遍布大街小巷的各种别具特色的精品店和专卖店，都是随着人们的个性消费需求应运而生的。

2. 个性消费产生的经济和文化背景

个性消费出现在社会经济发展的中后期，美国和日本分别在20世纪60年代和70年代中后期出现了个性消费浪潮。而我国自社会主义市场经济体制建立以来，短缺经济时代已经成为历史，居民消费结构逐步升级，个性消费也崭露头角。

个性化消费与一定的文化背景相联系。随着社会的进步，民主制度的健全，人的主体意识越来越增强。社会成员的主体性越来越受到市场重视，尤其是进入21世纪以来，许多消费者已经建立起了成熟的消费观念和消费行为，不再把消费视为一种对商品或劳务的纯消费活动，也不再被动地接受厂家商家的诱导，而是要求作为参与者，与厂家一起根据自己的个性需求以及对自身形象的预期选择商品或开发出个性化的商品，一个彰显个性的时代已经到来。

个性化消费的出现还与人们消费档次的提高以及买方市场的出现有关。现代社会人们的生活水平大大提高了，消费档次也大大提升，人们不再局限于产品最基本最原始的功能，而是追求产品的"文化色彩"或"情感色彩"，喜欢通过个性化消费体现自己独特的偏好、修养和情操。另外，我国国内市场的高度繁荣，买方市场的出现，企业间竞争的加剧，使生产者不遗余力地针对消费者的需求差异，不断推出特色鲜明的新产品，消费者可以在众多的同类产品中精挑细选，这些都是个性化消费得以产生的经济前提。

（二）情感消费

人的需求是无止境的，而物质是有限的，对于生活在经济社会中的人类来说，饱食终日而无所用心的生活不能令人满意，人们已经在寻找各种途径体现自身价值。

情感是人们针对客观事物符合主体需要的程度而产生的态度和内心体验，对人的消费行为有重要影响，人们的消费活动实际上是充满情感体验的活动过程。情感包含亲情、友情和爱情。如今，伴随人们消费观念的变化和消费层次的上升，中国居民的情感消费方兴未艾。人们购买商品时，除注重商品的使用价值外，还重视产品的附加价值，重视自己的情感满足和审美享受。物质生活、精神生活的提高、社会道德风尚的完善、高品位的艺术产品都会给人以愉快感和幸福感，现代人在这些方面的要求比以前更高了，他们花钱不光是要买商品、买服务，还希望买回"荣耀"，买个"好心情"，得到心理上的最大的满足。

人们表达感情的方式，最简单、直接和有效的方法是赠送礼品，礼品行业因此也成为一个充满诱惑力的新兴产业。仅仅从情侣礼品这一个方面分析就可以发现其巨大的市场潜力，欧美情侣礼品年贸易总量近 1000 亿美元。中国人在情感消费上也不甘落后，随着国内经济的不断发展和国民收入的高速增长，人们对情侣礼品的需求也与日俱增，情侣礼品行业也是最赚钱的新兴产业之一。

精明的营销者一般比较善于研究消费者心理需求和情感变化，他们以商品、品牌、包装"传情"，往往能事半功倍，取得意想不到的销售效果。例如，改变计算机机箱千篇一律的长方形、白颜色的传统模样，将机箱设计成外形各异、色彩多样的造型，由此增加消费者的选择余地，给他们带来了美感；把钟表制成或古朴或稚拙的不同形状，使人们在看时间的同时获得艺术上的享受；给商品设计鲜艳、漂亮的包装，让人们赏心悦目、爱不释手；为商品起个好名字，如"喜临门""爱妻号"等，这些名字温馨动人的产品，在市场上更容易诱发消费者掏钱购买的欲望。在市场营销的过程中，针对消费者的情感需求，在设计产品、策划广告、组织营销活动中诉诸感情，已成为厂家和商家的制胜法宝。

三、消费观念，趋于多元

市场经济的深入发展带来了消费品市场环境的变化，同时也引起了消费者消费观念的变化。应该看到，不同收入状况、不同家庭结构、不同职业、不同年龄的群体，持有不同的消费观念、选择不同的消费方式和消费行为，是正常的事情。消费观念的变革是一个长期的过程，涉及多方面的因素。随着国家经济的发展，人们对未来收入预期的信心增强，人们的消费观念正在发生着积极的变化。

（一）效率消费观念

在社会主义市场经济的构建中，为适应新机制运作的需要，人们的时间和效率观念空前增强。与此相关联的消费观念和消费模式已成为中国社会的一种新时尚。越来越多的人有了效率的意识和要求，为消费者的求快需要而开设的餐饮业、服务业应运而生。洋快餐——肯德基、麦当劳刺激了中国消费者的胃口，也启发了中国人在吃上节省时间。中式快餐店、快餐车、快餐摊点、送餐上门的开设，以及速冻食品系列、方便食品系列生产的开发，大大节省了人们吃饭的时间。"立等可取"的招牌及各种服务摊点成为城镇街头一景；邮政部门为信息社会开辟邮政特快专递，满足了消费者对信息传递时效性的需要；快递行业的快速发展也正是迎合了大众注重时效的要求。这些消费心理和消费行为的变化，反映了消费者注重效率的消费观念和"用钱买时间、用时间创造金钱"的新时尚的形成。

（二）保健消费观念

随着现代科学技术的发展和人们对自身认识的深化，保健意识开始渗透到人们生活的各个方面。消费者不再只求吃饱饭，还要讲求科学吃饭，要求对健康有利。各种保健食品都属中高档消费品，消费者仍乐于根据需要选购。服装和日用品的保健功能也日益增加，成为保健品生产厂家争相开发的方向。另外，适合消费者要求的健康保险、养老保险等多险种开发，使消费者的健康保险消费意识也在增强。居住环境的美化，装修材料的选择，家具的购置、摆放等，消费者都要考虑到其中的保健因素。这些与保健观念相联系的消费趋势，也反映了人们珍惜生命、热爱生命的新风尚。

（三）社交消费观念

改革大潮真正使参与者认识到人际交往的重要。"自扫门前雪"曾经是洁身自好的赞语，如今已成为封闭、自私的代名词。"多个朋友多条路"几乎成为商海弄潮儿乃至大众消费者的共识。因此，表现在消费行为上则是人们舍得花钱用于交际，从中获取信息、效率、友谊和利益。

在交往消费方面，中国礼仪之邦的传统美德得到了最好的发挥。周到的接待、热情的馈赠，使人们的交往更具感情色彩，因而在吸引外国企业投资、联合本国同行合资时，从开始启动到正常经营活动，都能起到很好的促成作用。

交往观念引导的消费还包括表现中西文化交融的外国节日消费，如在我国受到青睐的母亲节、情人节、圣诞节等。鲜花、贺卡等也很有人情味，具有浪漫的现代气息，已经成为人们日常交往的必要消费。

（四）审美消费观念

现在的中国人是越来越爱美了。这和人们用审美的观念指导自己的生活消费分不开，追求服饰美、居室美已经成为个人消费的一种新时尚。

大型综合商业设施的现代化的装饰迎合了顾客的审美需求，从而吸引更多的消费者光顾。至于人们生活环境的绿化、美化、净化，个人居住环境的营造，都能体现主人的审美个性。

（五）知识消费观念

在信息社会中，信息是对社会发展极为有用的商品，是当今世界四大资源之一。世界上每天有近百亿信息单位的信息，还有上百万项成熟的先进技术和专利，已成为世界人民的共同财富。知识是信息的一种重要形式，改革开放以后，社会的发展和教育的进步使人们越来越重视知识在市场经济发展中的作用。知识观念的增强对人们的消费心理产生了巨大的影响。人们学电脑、学驾驶、学烹调；或者以提高自己的学历为目标，如果不能就读于正规大学，也要通过自学考试来获得文凭，为未来的发展打下坚实的基础；给孩子进行教育投资，包括上学的投入，课余学习琴、棋、书、画、摄影的学费，或请家庭教师的学费，这些投资都是为了全面培养后代在未来社会中生存、发展所需要的高素质、高能力。

第二节　网络发展与消费心理

知识经济时代的重要特征之一就是网络化。网络的发展使市场主体的商品生产者和经营者可以通过网络发布商品信息、商品广告。消费者则在网络中有选择地收看广告、了解商品市场和商品信息。所有的商品生产者和经营者、消费者都可以在网络市场中销售和选购，有形的商品市场被无形的网络市场代替。网络是一种新的、具有巨大潜力的商业载体，它能够在全球实现资源和信息的共享，为商业广告、市场营销、商品及服务的直接分销提供有效的和方便快捷的销售渠道，逐渐改变了传统的销售思想和销售方式。

一、当代网络消费心理

当代网络消费心理主要有以下八个方面的特点。

（一）个性消费心理回归

网络消费心理特点

在近代，由于工业化和标准化生产方式的发展，消费者的个性被淹没于大量低成本、单一化的产品洪流之中。随着 21 世纪的到来，这个世界变成了一个计算机网络交织的世界，消费品市场变得越来越丰富，消费者进行产品选择的范围全球化、品类多样化，消费者开始制定自己的消费准则，整个市场营销又回到了个性化的基础之上。没有一个消费者的消费心理是一样的，每一个消费者都是一个细小的消费市场，个性化消费成为消费的主流。

（二）消费者需求的差异性

消费者的个性化消费使网络消费需求呈现出差异性，不同的网络消费者因其所处的时代环境不同，也会产生不同的需求；不同的网络消费者，即便在同一需求层次上，他们的需求也会有所不同。网络消费者遍布世界各地，拥有不同的国别、民族、信仰和生活习惯，从而会产生明显的需求差异性。所以，从事网络营销的厂商，要想取得成功，就必须在整个生产过程中，从产品的构思、设计、制造到产品的包装、运输、销售，认真思考这些差异性，并针对不同消费者的特点，采取相应的措施和方法。

（三）消费的主动性增强

在社会化分工日益细化和专业化的趋势下，消费者对消费的风险感随着选择的增多而上升。在许多大额消费中，消费者往往会主动通过各种可能的渠道获取与商品有关的信息并进行分析和比较。或许这种分析、比较不是很充分和合理，但消费者能从中得到心理平衡，以减轻风险感或减少购买后产生的后悔感，增加对产品的信任程度和心理上的满足感。消费主动性的增强来源于现代社会不确定性的增加和人类需求心理稳定和平衡的欲望。

（四）消费者喜欢直接参与生产和流通的全过程

传统的商业流通渠道由生产者、商业机构和消费者组成，其中商业机构起着重要的作用，生产者不能直接了解市场，消费者也不能直接向生产者表达自己的消费需求。而在网络环境下，消费者喜欢而且能够直接参与到商品的生产和流通中来，与生产者直接进行沟通，从而减少了市场的不确定性。

（五）追求消费过程的方便和享受

在网上购物，除了能够完成实际的购物需求以外，消费者在购买商品的同时，还能得到许多信息，并得到在各种传统商店没有的乐趣。今天，人们的现实消费出现了两种追求的趋势：一部分消费者工作压力较大、紧张程度高的消费者以方便购买为目标，他们追求的是时间和劳动成本的尽量节省；而另一部分消费者，由于劳动生产率的提高，可自由支配的时间增多，他们希望通过消费来寻找生活的乐趣。今后，这两种相反的消费心理将会在较长的时间内并存。

（六）消费者选择商品的理性化

网络营销系统巨大的信息处理能力，为消费者挑选商品提供了前所未有的选择空间，消费者会利用在网上得到的信息对商品进行反复比较，以决定是否购买。对企事业单位的采购人员来说，可利用预先设计好的计算程序，迅速比较进货价格、运输费用、优惠、折扣、时间效率等综合指标，最终选择有利的进货渠道。

（七）价格仍是影响消费心理的重要因素

从消费的角度来说，价格不是决定消费者购买的唯一因素，但却是消费者购买商品时肯定要考虑的因素。网上购物之所以具有生命力，重要的原因之一是网上销售的商品价格普遍低廉。尽管经营者都倾向于以各种差别化来减弱消费者对价格的敏感度，避免恶性竞争，但价格始终对消费者的心理有重要影响。因为消费者可以通过网络联合起来向厂商讨价还价，所以产品的定价逐步由企业定价转变为消费者引导定价。

（八）网络消费心理仍然具有层次性

在网络消费的开始阶段，消费者偏重于精神产品的消费；到了网络消费的成熟阶段，消费者完全掌握了网络消费的规律和操作，并且对网络购物有了一定的信任感后，他们才会从侧重于精神消费品的购买转向日用消费品的购买。目前，网络仍然在不断地对传统购物方式进行渗透，在网络消费发达的地区，人们的衣食住行都开始与网络息息相关。

二、影响网络消费心理的主要因素

消费者的心理和行为取决于他们的需求和欲望，而消费者的需求和欲望以及消费习惯和行为，是在许多因素的影响下形成的。影响网络消费心理的因素主要有以下几个方面。

网络消费心理的影响因素

（一）传统购物观念

长期以来消费者形成的"眼看、手摸、耳听"的传统购物习惯在网上受到束缚。同时，网络消费不能满足消费者的某些特定心理，也很难满足消费者的个人社交需求。

（二）产品特性

首先，由于网上市场不同于传统市场，网络消费者有着区别于传统市场的消费需求特征，因此并不是所有的产品都适合在网上销售和开展网上营销活动。根据网络消费者的特征，在互联网上销售的产品一般要考虑产品的新颖性，即产品是新产品或者是时尚类产品，比较能吸引消费者的注意。追求商品的时尚和新颖是许多消费者，特别是年轻消费者重要的购买动机。

其次，考虑产品的购买参与程度，一些产品要求消费者参与程度比较高，消费者一般需要现场购物体验，而且需要很多人提供参考意见，这些产品就不太适合网上销售。对于消费者需要购买体验的产品，可以采用网络营销推广功能，辅助传统营销活动进行，或者将网络营销与传统营销进行整合。可以通过网络宣传和展示产品，消费者在充分了解产品的性能后，可以到相关商场再进行选购。

（三）产品的价格

从消费者的角度讲，价格不是决定消费者购买的唯一因素，但却是消费者在购买商品时肯定要考虑的因素，而且是一个非常重要的因素。网络营销产品的价格，对于互联网的用户而言是完全公开的，价格的制定要受到同行业、同类产品价格的约束，因为互联网为消费者提供了一个广泛的比较空间，制约了企业通过价格来获得高额垄断利润的可能。现在越来越多的企业通过电子邮件进行议价；在自己的网站上设立"价格讨论区"，并在网上通过智能化议价系统直接议价；或者通过其他平台进行竞价、拍卖等。

现实世界是一个不完全竞争的市场，这个市场最明显的特征是垄断、寡头和垄断竞争，决定商品价格的主体是企业，尤其是那些具有垄断性质的大企业。而互联网的出现，为创造一个完善的市场机制提供了条件。因为在互联网中，信息具有透明性、完全性和平等性等特点，消费者的选择权大大提高，交易过程更加直接。

另外，消费者对于互联网有一个免费的心理预期，那就是：即使网上的商品不是免费的，那价格也应该比传统的销售渠道要低；而且网络市场与传统营销市场相比，也能够减少营销活动中的中间费用和一些额外的信息费用，可以降低产品的成本和销售费用，这也正是互联网商业应用的巨大潜力所在。据统计，消费者对网上商品的心理预期要比商场的价格便宜20%～30%，而目前网上商品仅比商场便宜4%～10%，加上配送费用，消费者所享受到的价格优惠是有限的。

（四）购物的便捷性

方便快捷的购物方式是消费者首先考虑的因素之一。消费者选择网络购物的便捷性主要体现在以下两个方面。

一是时间上的便捷性。网上虚拟市场一年365天、一天24小时全天候提供销售服务，随时准备接待顾客，不受任何限制。

二是商品挑选范围的便捷性。消费者可以足不出户就在很大范围内选择商品。对个体消费者来说，网上购物可以"货比多家"，精心挑选。对采购人员来说，其进货渠道和视野也不再局限于少数几个定时、定点的订货会议或几个固定的供应厂家，而是在更大范围内选择品质最好、价格最便宜、各方面最适用的产品，这是传统的购物方式难以做到的。

（五）安全性和可靠性

影响消费者进行网络购物的另一个重要因素就是安全性和可靠性问题。61.5% 的网民认为不进行网上交易的原因是交易安全性得不到保障，因此对于现阶段的网络营销来说，安全问题很关键。有时在支付过程中消费者的个人资料和信用卡密码被窃取盗用；有时还会遇到虚假订单，没有订货却被要求支付货款或返还货款，这些情况使消费者望而生畏。因此，对网络购物的各环节，都必须加强安全和控制措施，保护消费者购物过程的信息传递安全和个人隐私，以树立消费者对网络购物的信心。

三、基于网络消费心理的营销策略

网络营销有别于传统营销，其营销策略的制定应该是系统思考的结果，在当前网络经济时代，系统的网络营销策略有以下几点。

网络营销策略特点

（一）产品定制化

现代消费者对商品普遍求新、求美、求奇，渴望个性化消费。现代企业开展网络营销时，要充分发挥互联网的优势，根据消费者的不同特征划分不同的目标市场，满足消费者的个性需求，提供定制化服务。例如，海尔率先推出的 B2B2C 全球定制模式，可以按照不同国家和地区不同的消费特点，进行个性化的产品生产，目前可以提供 9000 多个基本型号和 2000 多个功能模块供消费者选择。用海尔首席执行官张瑞敏的话说就是"如果您要一个三角形的冰箱，我们也可以满足您的需求"。在短短一个月时间里，海尔就拿到 100 多万台定制冰箱的订单，由此可见产品定制化的时代已经到来。

（二）价格柔性化

只有实现价格优惠、价格公开，才能促使网络消费者进行网络购物的尝试并做出购买决定。随着市场垄断性的弱化，价格垄断已被打破，这就要求企业选择定价策略时必须加强灵活性，建立柔性价格体系。一是自动调价体系，即根据季节、市场需求变化和同类商品价格等因素进行价格的灵活调整；二是智慧型议价系统，即允许消费者在网上直接与商家协商价格。

（三）营销互动化

电子商务区别于传统营销的最显著特点就是网络的互动性，满足消费者自主、独立的购物心理。网络上的互动式营销，至少要做到两点：一是对顾客信息需求的即时反馈，如果在几分钟内得不到答复，商家可能就会失去这位顾客；二是在顾客阅读了在线信息后，企业必须及时提供反馈信息的方式，以便与之建立联系，同时应允许顾客选择其感兴趣的信息，并且可以修改上面的内容。

（四）配送社会化

对于企业来说，进行网络营销就要保证商品在最短的时间内由最近的分销网点送到消费者手中，这必须靠现代化的物流配送体系来完成。例如，海尔已建成以订单信息流为中心，以全球供应链资源网络、全球用户资源网络和计算机信息网络为支撑的现代物流体系。海尔现在完成客户化定制订单只需 10 天时间，而一般企业至少需要 36 天。海尔在国内已建成42 个配送中心，每天可将 50000 多台定制产品配送到 1550 个海尔专卖店和 900 多个营销点，在中心城市实现 8 小时配送到位，辐射区域内 24 小时内到位，全国 4 天以内到位。

（五）服务人性化

网络营销除了要吸引人气，更重要的是挖掘那些想要在网上购物的人，这就要求企业提供人性化服务。例如：热情地招呼好每一位在线顾客；适时提供良好的产品建议；创建24×7 服务模式（每周 7 天、每天 24 小时为顾客服务）；注重培养顾客的安全感与信任感；以含蓄的方式建立网上社区，并在社区内形成情感纽带等。

（六）交易安全化

对虚拟的购物环境心存戒备是网络消费者的普遍心理。他们大多数人都遭遇过诸如信息不实、产品质量不合格、售后服务不完善及厂商信用不可靠等问题。建立良好的企业形象和品牌形象，通过良好的信誉取信于消费者是满足消费者安全需要的根本措施，是电子商务成功的前提和基础；另外，建立完善的信用机制，提供公平规范的法律环境，搭建优越的技术平台，健全相应的网络配套体系也是网上交易安全化的必要保障。

网络营销的促销策略

四、移动网络消费心理分析与营销策略

移动终端或者叫移动通信终端是指可以在移动中使用的计算机设备，广义地讲包括手机、笔记本、POS 机甚至包括车载电脑，但是大部分情况下是指智能手机。移动互联网消费者是指使用手机、平板电脑等便携式终端设备，通过 GPRS、3G、4G、5G、Wi-Fi 等无线网络访问互联网、移动互联网并进行消费的人群。我国网络消费者上网设备中，手机使用率达 83.4% 以上，也就是说现在的网络消费更多的是通过手机实现的。

（一）移动网络消费心理分析

从实际逛街到网络购物，对用户来说这是一个漫长的转变过程。而现今生活节奏变得越来越快，压力变得越来越大，很多人不得已将自己之前用来逛街购物的时间，转化为休息放松的时间。有了之前的网络购物习惯作为基础，再加上生活方式的转变，使移动网络购物这类更加便捷的消费方式深受消费者的青睐。

从本质上说，目前的移动网络购物与计算机上网购物并无本质差异，只是上网工具改变而已，但这种工具的改变也会促使消费心理发生转变，从而使移动网络购物呈现出一些新的消费心理特点，集中体现在以下几点。

1. 消费更加冲动

由于依赖的平台和购物时间不同，用户使用计算机上网购物的时候比较理性，一般是用户有大量的时间，可以慢慢地在网站上挑选商品。而移动端的网购则不是这样的心理，用户会利用在公交车上的零碎时间随便逛逛，也许看到一件心仪的商品，在下车之前就付款了。这是移动网络消费心理最突出的特点。

2. 消费的目的有所变化

用计算机上网搜索购物，一般都有较明确的目的。而移动网络购物则不然，一般用户在用手机浏览商品时没有强烈购物的欲望，更主要是为了打发时间而已。

3. 对安全的顾虑较小

大部分消费者对终端和网络的技术构造并不是十分了解，普遍存在这样一种心理取向，即手机购物比计算机购物安全。这样的认识并没有多少科学依据，但是因为手机从诞生到普及应用至今，发生的安全事故远远少于人们所知道的计算机网络发生的安全事故。

（二）移动网络营销策略

移动网络购物是一种感性特色很鲜明的消费。它与通过计算机的网络购物的本质区别就是消费心理上的差异，因此要想做好移动电商，必须抓住这点细微的消费心理区别。

1. 方便化

如前所述，在移动网络上消费的消费者，利用的大多是零散的时间，或者是休闲的时间，因此，一切营销活动都要突出"方便"两个字。操作复杂的东西，即使吸引力再大，消费者也轻易不会在手机上实施。

2. 简单化

简单化也是由"方便化"派生出来的要求。一方面，限于手机屏幕的大小，移动终端能提供的信息要大大少于计算机，因此要求营销商简化提供的信息、简化交易界面、简化用户操作。另一方面，限于手机的功能以及消费者的消费心理特点，也不可能在移动终端上进行太复杂的操作。

3. 开发适宜移动网络营销的产品或项目

目前用户的手机购物行为处在习惯培养阶段，商家首先要考虑依托于实体经营、网站营销，先开发小额支付的产品，以培养购买习惯，增强消费信心。其次，抓住消费者冲动消费和感性消费的特点，提供能在短时间内激发消费者购买兴趣和消费欲望的商品。最后，要聚焦与地理位置紧密联系的服务产品，即位置营销。位置营销是指企业和商家基于自己的位置，针对处于或进入其商业半径范围内、具有位置属性的目标客户进行精准营销。

移动网络购物与计算机网络购物相比，其明显的一个强项就是能进行移动定位，因此基于位置的营销也是移动网络营销的价值点。例如，消费者即使在路途中，也可以通过移动互联网，随时了解附近的美食分布，一键即可团购晚餐、预订房间，这些都是传统计算机网络购物难以做到的。

第三节　绿色消费与消费者心理

整个 20 世纪，工业化浪潮以前所未有的速度和效率为社会创造了巨大财富，为广大消费者提供了丰富多样的物质生活，也给企业带来了巨额商业利润。但与此同时，人类赖以生存的自然环境也在遭受严重破坏，资源被大量浪费，环境被严重污染，生态面临失衡的威胁，人类开始感受到前所未有的生存危机。面对这一"有增长、无发展"的困境，人类不得不重新审视自己的发展历程，寻觅一条新的可持续发展道路，绿色生产、绿色消费便应运而生了。

一、绿色消费中消费心理的变化趋势和特征

什么是绿色消费

（一）绿色消费的含义

绿色消费是一种以"绿色、自然、和谐、健康"为宗旨的，有益于人类健康和社会环境保护的新型消费方式。消费者意识到环境恶化已经影响其生活质量及生活方式，要求企业生产并销售有利于环保的绿色产品或提供绿色服务，以减少对环境的伤害。在国际上绿色消费已经变成了一个"广义"的概念，即节约资源，减少污染，绿色生活，环保选购，重复使用，多次利用，分类回收，循环再生，保护自然，万物共存。中国消费者协会早在 2001 年公布消费主题——"绿色消费"的同时，就提出了"绿色消费"的概念。它包括三层含义：一是倡导消费者在消费时选择未被污染或有助于公共健康的绿色产品；二是在消费过程中注重对垃圾的处理，不造成环境污染；三是引导消费者转变消费观念，崇尚自然，追求健康，在追求生活舒适的同时，注重环保，节约资源和能源，实现可持续消费。

1. 节约资源，减少污染（Reduce）

地球的资源及其污染容量是有限的，必须把消费方式限制在生态环境可以承受的范围内，因此，必须节制消费，以降低消耗，减少废料的排放以减少污染。其中，最为紧要的是节约用水。虽然地球表面约 70% 被水覆盖，但其中有 96.5% 是海水，剩下的虽是淡水，但其中一半以上是冰，江河湖泊等可直接利用的水资源仅占整个水量的极少部分。因此，水是极其珍贵的资源，不能浪费。其次，还要减少废水排放。应加强废水管理，工业废水、城市污水都应及时处理，防止直接排入自然水体。除了水，也应重视空气污染，要减少废气排放。大气所受的污染主要来源于煤燃烧所产生的烟尘，以及汽车、机动车尾气等，应采取治理措施，不得制造、销售或者进口污染物排放超过国家规定排放标准的汽车。

2. 绿色消费，环保选购（Re-evaluate）

每一个消费者都要带着环保的眼光去评价和选购商品，审视该产品在生产过程中会不会给环境造成污染。消费者用自己手中的货币作为选票，哪种产品符合环保要求就选购哪种产品，哪种产品不符合环保要求就不买它，同时也动员别人不买它，这样该产品就会逐渐被淘汰，或被迫转产为符合环保要求的绿色产品，进而引导生产者和销售者正确地走上可持续发展之路。

3. 重复使用，多次利用（Reuse）

为了节约资源和减少污染，应当多使用耐用品，提倡对物品进行多次利用。20 世纪 80 年代以来，一次性用品风靡一时。"一次性筷子""一次性包装袋""一次性牙刷""一次性餐具"等成为消费主流。一次性用品给人们带来了短暂的便利，却给生态环境带来了高昂的代价。在发达国家，曾风靡一时的"一次性使用"风潮正在成为历史。许多人出门自备可重复使用的购物袋，以拒绝滥用不可降解的塑料制品；许多大旅店已不再提供一次性牙刷，以鼓励客人自备牙刷用以减少"一次性使用"给环境所造成的灾难。我国近年来也大力提倡抵制"一次性使用"，通过有偿使用、不提供等形式减少一次性物品的使用。但从大众观念的改变到行动是一个漫长的过程，我们还需进一步学习和借鉴发达国家的先进经验，继续发扬中华民族艰苦朴素的优良传统，珍惜资源，保护环境。

4. 垃圾分类，循环回收（Recycle）

垃圾是人类生产与生活的必然产物。人类每天都在制造垃圾，垃圾中混杂着各种有害物质。随着城市规模的扩大，垃圾产生的规模也越来越大，垃圾处理的任务也越来越重。现有的办法是将垃圾填埋，但这种方法侵占土地、污染环境，不是长久之策。而将垃圾分类，循环回收，则可以变废为宝，既减少环境污染，又增加了经济资源。

5. 救助物种，保护自然（Rescue）

在地球上，生态是一个大系统，各种动物、植物互相依存，形成无形的生物链。任何一个物种的灭绝，都会影响到整个生物链的平衡。人是地球最高等的动物，但实质上也不过是生物链中的一环，人类的生存要依赖于其他生物的生存。因此，保护生物的多样性，就是保护人类自己。人类应当爱护树木，爱护野生动物，要将被破坏了的生态环境重新建立起来。

【知识窗】

中国绿色消费的观念和行动纲领

早在 2003 年 4 月 22 日世界地球日之际，中华环保基金会就向全国发出了"绿色志愿者行动"倡议书，提出了中国绿色消费的观念和行动纲领。

（1）节约资源，减少污染。例如，节水、节纸、节能、节电，多用节能灯，外出时尽量骑自行车或乘坐公共交通工具，减少尾气排放等。

（2）绿色消费，环保选购。选择那些低污染、低消耗的绿色产品，如无磷洗衣粉、生态洗涤剂、环保电池、绿色食品，以扶植绿色市场，支持发展绿色技术。

（3）重复使用，多次利用。尽量自备购物包，自备餐具，尽量少用一次性制品。

（4）垃圾分类，循环回收。在生活中，垃圾应尽量地分类回收，如废纸、废塑料、废电池等，使它们重新变成资源。

（5）救助物种，保护自然，拒绝食用野生动物和使用野生动物制品，并且制止偷猎和买卖野生动物的行为。

（二）绿色消费的心理变化

在经济飞速发展的今天，"绿色消费"越来越引起人们的关注，"绿色概念"已经成为一个国家、一个民族综合素质、文明程度的体现。绿色消费者也称为环保主义者，他们的观念体现出较高的环保意识，他们的行为也具有较高的理性特质。

1. 绿色消费就是无污染消费

绿色消费者绝不是到菜场上去挑几根有虫眼的青菜，或是吃几副中药，就认为是绿色消费。他们对绿色消费有正确的认识，如选择绿色产品即选择无公害、无污染的安全、健康、优质、科学的产品；同时注意环境保护，在绿色消费过程中不污染环境。

2. 绿色消费就是健康消费

随着生活水平的提高，人们越来越关注自己的健康，因此对安全、无污染、高品质绿色产品需求日益强烈。绿色消费者认为，健康的需要不仅包括物质需要和精神文化需要，同时更应包括生态需要。因此，绿色消费不仅是个人的健康需要，更是整个人类的健康需要，这表明人们的消费质量的不断提高。绿色消费也就是要关注生产发展、生活提高、生态保护等问题。

3. 绿色消费就是科学消费

绿色消费者是崇尚科学的。他们认为只有当绿色消费是科学消费的时候，才能从科学意义上提升健康消费的水平和档次。因此，绿色产品只有不断加大科技含量，才可能从根本上增强市场竞争力。绿色消费也是一样，是一个系统的消费过程，而不是靠几句口号就能实现的。绿色消费者非常关注绿色产品的动态和新闻，注重学习绿色产业发展的前沿知识，并在选购产品时尽可能选择绿色产品。

4. 绿色消费要关注消费环境

人们的消费总是在一定的环境中进行的。任何消费活动都必须具备三个基本要素，即消费主体（消费者）、消费客体（消费品和劳务）和消费环境。这就是说，消费的自然环境好，天蓝水清地绿，生态环境优美，消费质量就高；消费的社会环境好，人文生态上乘，社会治安良好，消费结构得到优化，人人都争当具有高度文明的人，消费质量就高；消费的文化环境好，消费质量就高。因此，绿色消费者也是环保主义者，在绿色消费的同时，更注重周围的环境，并且从自我做起，创造良好的自然环境、社会环境和文化环境。

（三）绿色消费的心理特征

1. 绿色消费者的行为更趋于理性化

在实际生活中，消费者的行为往往是感情重于理智，心理因素在消费者行为中起到极为重要的作用。很多消费者对某种产品感兴趣，对某个品牌偏爱，实际上并不能真正对其性能、质量和服务上的长处加以区别，更多的是受广告和相关人员的诱导或潮流的带动。绿色消费更强调理性，不能只考虑个人感受，还要考虑社会后果和生态后果；与传统经济学的经济人消费行为相比，则从个人的价值取向转为个人与社会价值取向并重，绿色消费人数比例随消费者学历层次的提高而提高，反映出部分消费者的消费理念日趋理性化、成熟化。

2. 注重产品的"绿色"价值

当不再为基本的需求而奔波的时候，人们开始追求生存质量和生活质量。对生存质量的追求表现在更加注重生态环保，对生活质量的追求表现在倾向于消费无公害产品、绿色产品。这些产品本身所包含的特性和特点，使人们在消费过程中得到品质的满足和品位的提升；

绿色消费的心理特征

人们在购买汽车时已经在考虑排放标准，无氟冰箱已经进入千家万户，人们开始关注服装对人体健康等方面的安全保护，这些都显示出消费者对"绿色"产品价值的重视。

3. 绿色消费行为呈现出个性化的色彩

消费者能以个人心理愿望为基础挑选和购买商品或服务。他们不仅能做出选择，而且渴望选择，消费者所选择的已不单纯是商品的使用价值，而且还包括其他"延伸物"。"发展绿色流通、倡导绿色消费"的专题宣传和调研活动，对北京 16 个区县近 40 家大中型商场进行现场调查，结果表明：89.2% 的被访者实际购买过绿色产品，消费者购买的绿色商品的类别依次是食品、日用品、保健品、家电、建材等。购买绿色商品的原因包括：出于个人保健所需而购买的消费者占 48.3%；出于社会责任感、支持环保而购买绿色商品的占 28.0%；符合个人消费品位和层次的占 13.2%；其余则是无意识购买，为送礼而购买，顺应时尚而购买。

4. 消费主流性增强

在社会分工日益细分和专业化的趋势下，一方面，消费者不再被动地接受厂商单方面提供的信息，他们会主动地了解有关绿色产品、绿色消费方面的信息，当得到足够的商品知识时，对绿色产品和服务进行鉴别和评估。另一方面，对环境保护也不再是被动的与无能为力，消费者对真正能够带来环保的产品也持积极主动的态度。在众多同类产品中，往往会选择对环境危害最小的产品。根据这一特点，厂商应适应消费者主动性增强的趋势，提供消费者需要的多种信息，供消费者选择比较。

5. 价格仍是消费者选择的重要因素

绿色产品具有较高附加值，拥有优良的品质，无论从健康、安全、环保等诸多方面都具有普通产品无法比拟的优势。因此，绿色产品的定价策略往往采取撇脂定价，价格较高。在欧美发达国家，即使普通的消费者也都倾向于绿色消费，但在发展中国家，绿色产品对于普通消费者来说还是奢侈品，消费量还很小，因此价格仍是限制绿色消费的瓶颈。

6. 性别差异及儿童影响

一项调查表明，46% 的女性和 31% 的男性在购物时会主动寻找绿色替代品，父母一般比没有子女的成年人更关注环保。有孩子的家庭通常是倾向于绿色消费的群体。教育和传媒为儿童提供大量的绿色环保信息，引起儿童对绿色问题的认识和重视，使孩子成为家庭中绿色产品购买的提议者和影响者，这无疑是绿色购买行为的重要模式。

二、绿色消费行为的影响因素

由于外在因素的影响和消费者自身的因素，每个消费者的绿色意识程度和消费行为模式之间会有很大的差异，年龄、收入、教育水平、生活方式、观念和爱好等诸多方面都会大大影响绿色消费行为的发生。其中，对绿色消费行为影响最大的包括以下几个方面。

（一）社会文化因素

一个社会及其文化的绿色程度，会直接影响着该文化群体的环境意识和绿色思想，进而影响绿色消费行为的模式，绿色消费也可以说是一种社会性的消费文化和消费习惯，绿色消费行为一般容易形成社会性的潮流趋势，其具体的消耗模式会被绿色社会文化所带动，或者说被绿色时尚所带动。一个社会的绿色文化和环境意识强烈，该社会群体的绿色消费行为一般就会越成熟。

绿色食品的安全健康和生态环保的观念不是每个人都能主动学习和接受的，即使接受也是有不同的看法和态度。据中央电视台调查，有 20.8% 的居民知道绿色食品的标志但不知道它的含义，另有 79.2% 居民表示对此不了解。改变传统观念为现代观念是一项艰巨的任务，尤其在经济发展不平衡，受教育程度不一，生活习惯和消费习惯各异的中国，更需要进行长期的有力度的宣传教育。

（二）绿色教育

绿色教育是指对公众进行的生态环境意识及相关知识的教育，也包括通过公共关系、广告产品说明等方式对消费者进行环保观念的灌输。

绿色产品大多采用较为高新的技术和材料做成，成本、生产工艺及市场开拓费用相对高昂，具有较高的附加值，所以价位也较高。对一般消费者来说，初次接触时可能感到难以接受，因此必须通过一定的教育手段，使他们了解绿色产品的实质，即为什么是绿色，有什么优点、优势，有哪些好处等。就社会层面而言，绿色教育有利于提高人们的环保意识，促进社会自然环境的改善；从企业层面看，绿色教育则积极引导了绿色消费，为绿色营销创造更好的环境。绿色教育重在一种观念的灌输，而人的行为是受观念指导的，所以可以说绿色教育是绿色消费和绿色营销的先导。

政府、相关环保机构和行业协会等组织要承担起消费者教育、生产经营者教育、经销商教育等对人们进行绿色教育的责任，生产销售企业也应积极参与其中成为中坚力量，可以利用各种宣传工具和宣传方式如公益广告、专题活动等，积极传播环境保护和绿色消费知识，提高人民的绿色意识，推动绿色消费运动的发展，形成绿色消费的良好氛围，促进绿色消费需求的增长，进而促进绿色消费市场的快速发展。

（三）绿色产品的质量

在发展绿色消费市场遇到的问题中，最棘手的问题是假冒产品的横行。消费者对假冒产品无法验证，往往在上当受骗后对绿色产品失去信任。从消费者本能地回避风险和简化购买决策过程的消费心理出发，必然会对绿色产品敬而远之甚至全盘否定。

绿色产品的检验鉴定难度大，认证过程复杂，一些不法企业为追求高额利润不按照绿色标准生产，甚至把假冒伪劣产品当作绿色产品销售，形成了所谓"劣币驱逐良币"的"柠檬市场"现象。造成市场上到处都是"绿色"产品，真正的绿色产品可能得不到消费者的青睐，达不到应有的价格，"真李逵打不过假李鬼"。例如，鞍山市 ×× 绿色食品开发有限责任公司私自仿印绿色食品标志，并将标志贴在从各大蔬菜批发市场购进的普通蔬菜上，然后送往沈阳市各大超市，以绿色蔬菜的名义进行销售，严重地影响了绿色消费的开展。

（四）消费者自身因素

绿色消费者的购买决策最主要还是受个人特征的影响，包括年龄、家庭、生活周期、职业、经济环境、生活方式、个性及自我概念等。其中收入水平、消费成本、生活方式和受教育程度的影响尤为突出。

1. 收入水平

收入水平在一定程度上代表了消费者的购买实力。一般来讲，绿色产品中消费品的比重较大，同时绿色产品的成本和价格相对较高。因此，绿色产品的消费需求受到居民收入水平的严重影响，中国居民由于收入水平的限制，绿色消费意识普遍较低。收入在消费方面的分配对于其绿色消费而言是一种制约，"实用主义"对大多数理性消费者来说是第一位的，尤其在居民整体收入水平还不算高的情况下，价格和效用仍是消费者购买产品的主要考虑因素。一项覆盖 7 个省 20 个地区的调查表明："积极的绿色消费者"在大城市占 40%，中小城市占 29%，农村占 8%。按人口数比重加权计算，"积极的绿色消费者"人口比重平均只有 13.3%。

2. 消费成本

价格偏高是绿色产品得不到普及的重要原因，也是绿色产品企业面临的主要难题。消费者在购买绿色产品时不仅付出了货币成本，还付出了时间成本、精力成本和体力成本，这些成本对于不同的消费者意义是不一样的。调低价格只是减少了在绿色产品购买时付出的货币成本。现实生活中，搜寻和咨询绿色产品信息，对绿色产品的寻找、比较、鉴别和购买所耗去的时间和精力、体力比一般产品多得多，即使有心购买绿色产品，也不知道什么产品是绿色的，哪里有卖的。因此，减少消费者的购买成本是应着重解决的问题之一。

3. 生活方式

根据阿诺德·米切尔的 VALS 划分法，可以划分为九种生活方式群体：求生者、维持者、归属者、竞争者、有成就者、我行我素者、经验主义者、有社会意识者和综合者。在各种方式的人群中，求生者和维持者处于需求驱使阶段，他们缺乏经济资源，温饱问题尚未解决，所以不可能有实力关注环保实施绿色消费。归属者、竞争者和有成就者处于符合客观外界标准的阶段，受客观外界影响颇大，因此其绿色消费行为与所处环境的绿色化程度有关。

4. 受教育程度

进行全社会的绿色教育，对绿色消费会有很大帮助。因为从消费者自身而言，一个人的观念、行为等大多是后天因素作用的结果，而教育则是其中非常重要的一个方面。受过良好教育的人，一方面对各方面知识有深入了解和正确认识（包括环境和地球生态），另一方面有较高的素质，往往会采取理智的消费行为。因此，教育从很大程度上影响着个人绿色消费观念和行为。

三、绿色消费的心理策略

（一）提倡绿色消费意识

20世纪之初，我国已全面启动"开辟绿色通道，培育绿色市场，倡导绿色消费"的"三绿工程"。目前，我国消费者使用的绿色产品主要包括以下五类。

1. 绿色食品

绿色食品是指无公害、无污染、安全，经过有关部门认定，许可使用绿色食品标志的优质营养类食品。由于对绿色食品认识的误区，有的消费者把"绿颜色的食品"当作绿色食品，误把"天然食品"和绿色食品等同，我国每年因误食野生蘑菇中毒的事件屡有发生。

2. 绿色服装

绿色服装又称为生态服装、环保服装。它是以保护人类身体健康，使其免受伤害，并具有无毒、安全的优点。在使用和穿着时，给人舒适、松弛、回归自然、消除疲劳、心情舒畅的感觉。

3. 绿色家电

绿色家电是指在质量合格前提下，高效节能，且在使用过程中不对人体和周围环境造成伤害，在报废后可回收利用的家电产品。例如，环保型微波炉、水处理机、防辐射手机、附带有视频屏保的电脑等一系列家电产品。这些绿色家电产品广泛地采用适合环保要求和保障人类健康的新技术，必将成为消费者争抢的宠儿。

4. 绿色家居

绿色家居所用的装饰材料要选择经过放射性试验的石材，不含甲醛的新型涂料及复合型环保型地板等新型装饰材料，而且要求在居室设计中，色彩要有纯天然的绿色创意和一种大自然的美感。绿色家居要追求健康、宜人、自然、亲和的目标。

5. 绿色包装

绿色包装是在绿色浪潮冲击下对包装行业实施的一种革命性的变革，它不仅要求对现有包装的不乱丢、乱弃，而且要求对现有包装不符合环保要求的要进行回收和处理，更要求按照绿色环保要求采用新包装和新技术。白色污染已经成为世界公害，应大力提倡使用可重复利用和循环使用的包装物。

（二）加强政府监管

由于绿色产品能满足消费者追求健康、安全、环保，追求高品质生活的要求，同时由于绿色产品生产的高技术性要求和成本偏高的特点，使得其价格要比一般产品高，因而很容易成为制售假冒伪劣的目标。对于绿色产品市场鱼龙混杂的复杂局面，政府的严格监管非常重要，加强绿色标志的管理，严厉打击不法厂商的违法行为，切实维护好消费者的权益，加强消费者对绿色产品的信心。同时，政府要从可持续发展的战略角度出发，采取相关政策，鼓励企业进行绿色生产，满足消费者的绿色需求，促进绿色消费市场的健康发展。

（三）实行绿色营销

绿色营销是指企业以环境保护作为经营指导思想，以绿色文化为价值观念，以消费者的绿色需求为出发点，力求满足消费者绿色需求的营销策略。绿色营销强调消费者、企业、社会和生态环境四者利益的统一，以可持续发展为目标，注重经济与生态的协同发展，注重可再生资源的开发利用，减少资源浪费，防止环境污染。

目前，绿色的浪潮席卷全球。绿色消费意识得到了各国消费者的认同，一项调查显示，75%以上的美国人、67%的荷兰人、80%的德国人在购买商品时考虑环保问题，40%的欧洲人愿意购买绿色食品。因此，企业在获取自身利益的同时，必须考虑环境的代价，不能以损坏或损害环境来达到企业盈利的目的。

➤ **知识练习与思考**

1. 当代我国消费者在消费行为和消费心理上有哪些变化？
2. 网络消费相比传统的消费方式有哪些心理特征？
3. 什么是绿色消费？绿色消费应遵循哪些原则？
4. 影响绿色消费的因素有哪些？如何解决？

➤ **案例分析与应用**

七天连锁酒店的微信营销

说起铂涛酒店集团可能很多人都不知道，但提起一个品牌大家则会感觉非常亲切——7天连锁酒店。7天连锁酒店目前是铂涛集团旗下最重要的酒店资产之一。而在移动互联网的冲击下，7天连锁酒店也在发生着激烈的变革，首先便是颠覆传统的微信营销。

自2013年设立公众号以来，仅用6个月时间，7天连锁酒店公众号从0粉丝增长到100万粉丝，其中80%的用户是7天连锁酒店的会员。截至2014年12月中旬，7天连锁酒店微信公众号有200万以上的会员，日均订单近万个。如果通过传统分销渠道来完成这个数量的预订，则需要花费数千万元才能实现，但是通过微信，基本上不需要花钱。

相比原先的电话呼叫中心业务模式，微信服务号的形式解决了大量问题。过去，铂涛酒店集团客服电话量为每个月38万～40万个，需要用120个工作人员才能完成这个数据量的服务。而现在用微信，在客服任务量增加的情况下，只需要30人就够了。

7天连锁酒店推广微信订房间的方式非常简单，关注7天连锁酒店微信号并预订成功，用户将在到店后额外得到一瓶矿泉水。而关注的途径，则是其门店大堂摆放的宣传板上的二维码。这个二维码让消费者通过微信支付方式做第一个触发点，之后，用户就会慢慢熟悉其微信公众号。如此简单的方式，最终提高了 7 天连锁酒店在预订、会员服务上的运营效率。

谈到为什么选择微信平台，铂涛酒店集团会员事业部商务总监蔡灿生先生说道："在过去两三年，国内各大酒店集团都在做 APP，虽然看数据好像都做得挺不错，但是以我的个人理解，一个酒店产品 APP 在消费者这个市场吸引力不大。我们自己的数据，平均每个人每年住酒店的次数可能是个位数，他会愿意下载一个 APP 吗？我们想着在移动互联网时代，一定要用大家最常见的大流量渠道来辅助做好这样的事情。"

显然，在这个移动互联网时代，通过微信平台进行会员营销与服务，对 7 天连锁酒店的预订量和客户服务质量的提升与成本的下降起到了重要的作用。

案例讨论：

结合本章内容与上述例子，讨论 7 天连锁酒店选择微信这一营销渠道的原因，并思考手机上网为何要比计算机上网发展迅速。

➤ 项目实训

1. 以小组为单位，调查并记录同学的日常消费行为。

2. 分析哪些是绿色消费，并调查进行绿色消费的原因。

3. 分析绿色消费还存在哪些误区，讨论如何解决"绿色消费矛盾"。